大学英语教学策略
与创新模式探究

杨　陶　著

中国原子能出版社

图书在版编目（CIP）数据

大学英语教学策略与创新模式探究 / 杨陶著. --北京：中国原子能出版社，2023.11

ISBN 978-7-5221-3124-5

Ⅰ. ①大… Ⅱ. ①杨… Ⅲ. ①英语–教学研究–高等学校 Ⅳ. ①H319.3

中国国家版本馆 CIP 数据核字（2023）第 228196 号

大学英语教学策略与创新模式探究

出版发行	中国原子能出版社（北京市海淀区阜成路 43 号　100048）
责任编辑	杨　青
责任印制	赵　明
印　　刷	北京天恒嘉业印刷有限公司
经　　销	全国新华书店
开　　本	787 mm×1092 mm　1/16
印　　张	13.75
字　　数	191 千字
版　　次	2023 年 11 月第 1 版　2023 年 11 月第 1 次印刷
书　　号	ISBN 978-7-5221-3124-5　　定　价　72.00 元

发行电话：010-68452845　　　　　版权所有　侵权必究

前　言

　　由于大学英语教学承担着培养语言基本功扎实、跨文化技能娴熟、国际规范熟悉的国际化人才的使命，建设科学、完善的大学英语课程体系就成为实现这一目标的保障。针对教育部启动的大学英语新一轮教学改革的要求，结合目前大学英语教学现状和已有资源，积极探索建设科学、综合、立体的新型大学英语课程体系与教学模式，以更好地满足社会的需求，符合高校的办学目标，助推了学生的发展。

　　本书主要内容为大学英语教学策略与创新模式探究，共分为五章。第一章主要内容为大学英语教学概述，分别介绍了大学英语教学的内涵、大学英语教学的原则、大学英语教学模式的类别、大学英语教学模式的现状；第二章主要内容为大学英语教学方法与策略，共分为三节，分别介绍了大学英语教学的方法、大学英语教学的策略、大学英语教学的课堂实践；第三章主要介绍了大学英语教学改革探究，包含两个方面的内容，分别是大学英语教学改革的理论基础、大学英语教学改革的方向与趋势；第四章主要对大学英语教学改革实践进行了介绍，共分为五部分，分别是大学英语语法教学研究、大学英语听力教学研究、大学英语口语教学研究、大学英语阅读教学研究、大学英语写作教学研究；第五章主要内容为大学英语教学模式创新研究，共包含三节，分别是高新技术下的大学英语教学、大学英语教学模式的构建与创新、多元互动背景下的大学英语教学模式。

在撰写本书的过程中，作者得到了诸多专家、学者的帮助和指导，在此表示真诚的感谢。本书系统全面，条理清晰，但由于作者水平有限，书中难免会有疏漏之处，希望广大读者批评与指正。

作　　者

2023 年 2 月

目　录

第一章

大学英语教学概述

本章的主要内容为大学英语教学概述，分别介绍了大学英语教学的内涵、大学英语教学的原则、大学英语教学模式的类别和大学英语教学模式的现状。

第一节　大学英语教学的内涵

大学英语教学的内涵可以从多个层面来理解与把握。为了对此概念有更好的认识，下面从教学的概念、本质、作用进行分析，在此基础上介绍大学英语教学的目的，从而帮助读者顺利建构有关大学英语教学的基础知识框架。

一、大学英语教学的界定

（一）概念

作为一项活动，教学贯穿于整个人类社会的生产与发展过程中。也就是说，教学在原始社会就产生了，只不过原始社会将教学与生活本身视作一回事，并没有将教学视作独立的个体存在。但是，随着社会的不断发展，教学逐渐独立出来，成为一个单独的形态存在，并对人们的生产、生活产生重要的影响。由于角度不同，人们对教学概念的理解也不同，因此这里从常见的几个定义出发进行解释。

1. 教学即教授

从汉字词源学上分析，"教"与"教学"有着不同的解释，但是在我国的教育活动中，人们往往习惯从教师的角度出发对教学的概念进行解释，即将教学理解为"教"，因此"教学论"其实就等同于"教论"。

2. 教学即学生的"学"

有些学者从学生"学"的角度对教学进行界定，认为教学是学生基于教师的指导，对知识进行学习的过程，从而发展学生自身的技能，形成自身的品德。

3. 教学即教师的"教"与学生的"学"

有人将教学视作教师的"教"与学生的"学"，即教师与学生将课程内容作为媒介，为了实现共同的目标，彼此共同参与到活动中。也就是说，教师不仅包含"教"，还包含"学"，"教"与"学"是同一过程的两个方面，彼此相辅相成，不可分割，教学的根本目的在于促进学生的进步和发展。因此，这一观点是对前面两个观点的超越。

4. 教学即教师教学生学

对于这一观点，其主要强调的是教师指导学生"学习"，即教师"教学生学"，而不是简单的"教师教与学生学"这一并列的概念。也就是说，这一观点强调教师要教会学生学习，重视学生学习方法的传授等，从而引导学生学会自主学习。

（二）本质

第一，教学是有目的、有计划的活动。教学具有计划性、目的性，主要在于教师是为了让学生获得知识与技能，实现多层面的发展。在教学活动中，教师需要从教学任务与教学目的出发，将课程内容作为媒介，通过各种方法、手段等引导学生进行交往与交流，促进学生的全面发展。

第二，教学是教师"教"与学生"学"的统一活动。通过对教学的定义进行介绍可知，无论从哪个角度而言，人们都不能否认教学活动是"教"与"学"的过程，并且二者是相互制约、相互依赖的关系。在课堂中，教师的"教"离不开学生的"学"，学生的"学"自然也离不开教师的"教"，因此二者是同一过程的两个层面。正如王策三在《教学论稿》中所说："所谓教学，乃是教师'教'、学生'学'的统一活动；在这一活动中，学生掌握自身需要的知识与技能，同时促进自己身心的发展。"①

需要指明的是，教学并不是教与学的简单相加，而是教师指导学生学习的过程，是二者相统一、相结合的过程。要想保证"教"与"学"的统一，不能片面地强调只有"教"或者只有"学"，也不能片面地简单相加，而应该从学生自身的学习规律与身心发展特点出发，进行"教"与"学"的活动。从这一点来说，教师教学能否成功的关键是学生的"学"。

第三，教学活动是教师与学生以课程内容作为媒介的共同活动。也就是说，在教师教与学生学之间，课程内容充当中介与纽带的作用，师生围绕这一纽带开展教学活动。因此，课程内容是教学活动能否开展的必要条件。

第四，教学是一种交往活动。也就是说，教学的本质是人与人之间的交往，是一种重要的社会活动，其体现了一般的人际交往与语言交际

---

① 王策三. 教学论稿［M］. 北京：人民教育出版社，1985：88-89.

的特征。以英语教学为例，这一交往活动就表现为师生之间围绕共同的目标、共同的话题展开对话与合作，从而使学生不断提升自身的表情达意能力，转变自身的文化意识与情感态度，促进自身学习策略的进步与发展。

第五，教学的本质在于意义建构。教学活动的目的在于促进学生的全面发展，这一目的实现的过程就是学生不断建构知识意义的过程，即学生对原有知识与经验进行重组，对新知识的意义加以建构的过程。在实际的学习中，学生只有将新旧知识的意义结合起来，才能真正地学好知识、掌握知识。

（三）作用

教学的作用有很多，可以概括为如下几点。

第一，教学是一种有目的、有计划的组织形式，主要是传授知识、经验，使教学活动保持有序的节奏与秩序，从而提升教学的效果。通过各项规章制度对教学行为进行规范，使教学活动更具有整齐性与系统性，避免随意与凌乱，最终使教学变成一个专业性极强的特殊活动。

第二，教学研究者考虑知识的构成规律，经过科学的选择，将内容按照逻辑顺序编纂成教材，教师根据这样的教材进行教学，帮助学生更好地认识世界，这要比学生自己选择知识更具有优越性。

第三，教学是教师在精心安排与引导的过程中进行的，其可以避免学生自身学习的困难，帮助他们解决具体的问题。同时教师会选择最优的方式展开教学，这保证了学生学习的每一步都能顺利开展。

第四，教学不仅仅是为了传授知识，更重要的是要完成全方位的任务，既包括知识的获得、能力的提升，又包括学生个性特长的发展、品德的完善，这种全方位的发展只有通过教学才可以实现。

大学英语教学简单来说就是一种教育活动。对教师而言，教学是引导学生学习的教育活动；对学生来说，教学是教师引导下的学习活动。学生能否得到发展是教学能否实现其目标的关键。

教学是一个师生互动的过程，是教师"教"和学生"学"共同完成既定任务的活动。具体来说，对大学英语教学进行界定主要体现在以下几方面。

第一，大学英语教学是一种具有目的性的教学活动。在进行英语教学时，会出现不同的阶段，由于阶段不同，在教学方面也会有不同的目标。因此，教学目标又会分为不同的领域和层次。

第二，大学英语教学具有系统性和计划性。系统性体现在教研部门、学校的教学管理者和教育行政机构等制定者的工作中。计划性就是有计划地进行英语基础知识的教学，如英语的发音、语法、词汇、阅读和写作等具体知识和技能的传递。

第三，在大学英语教学过程中，要采取合理的教学方法和教育技术。大学英语教学经过多年的发展，形成并积累了许多有效的教学方法。随着现代科技和信息技术的不断发展，使得大学英语教学也出现了新的教育方法和手段。

由以上可知，大学英语教学就是教师在教学目标和教学内容的引导下，采取一定的方法和技术有计划性、系统性地传授英语知识，帮助学生掌握英语技能，促进大学生整体素质提升的"教"与"学"相统一的教育活动。

二、大学英语教学的目的

在当今时代背景下，大学英语教学的目标是提升与培养学生的交际能力。原因就在于，在大学英语教学中交际教学是十分重要的，其不仅与时代发展相符，还能够更好地实现大学英语教学的长远目标，同时符合中国国情，是大学英语有效教学的体现，也是实现素质教育的重要渠道。

（一）迎合社会发展趋势

在当今大时代背景下，国与国之间的交往日益频繁，这就要求高校学生应该努力学习语言与文化知识，获取语言与文化技能。世界是一个地球村，经济全球化使得交际呈现多样性，因此在英语教学中，教师除了要让学生提升自身的语言能力，还应该提升其跨文化交际的能力，应对交际中出现的各种变化。另外，随着多元社会的推进，要求交际者应该具备一定的合作能力与意识，无论是生活在什么文化背景下，都应该为社会的进步努力，树立自己的文化意识，用积极的心态去认识和了解世界。英语教学中的跨文化交际教学将英语价值充分体现出来，学生对跨文化交际知识的学习也与社会的发展相符，是中西方文化交流不断推进的必由之路。

（二）实现素质教育

现如今，我国对于素质教育非常推崇。作为一门基础课程，英语教学也是素质教育乃至文化素质教育的重要内容。大学英语教学是实现素质教育的一个重要工具，英语教学除了知识传授外，还有文化素质与文化思维的培养，这与跨文化教学的要求有异曲同工之妙。

1. 培养学生的文化感知力

注重跨文化交际研究要求教师在英语教学中有意识地向学生传授一些文化背景知识，这样可以使学生更全面地了解西方国家的实际情况，进而在适当的场合使用准确的语言表达自己的观点。此外，教师不断地向学生介绍一些英语文化背景知识和文化传统，可以让学生明白不同的文化、不同的语言具有不同的表达习惯和方式，可以提高学生对不同文化的感知力，增强跨文化交际意识和能力。

2. 培养学生对文化的敏感性

对于英语教学的任务而言，除了要进行英语基本知识和技能的传授外，还必须培养并增强学生对中西方文化差异的敏感性。学生可以在课堂上借助教师对中西方文化差异的讲解和跨文化交际的研究达到这一目的。

如果在英语课堂组织的对话活动中，教师仅关注学生在语音、词汇和语法的准确性，却忽视文化的差异性，就不利于学生语言运用能力的提高，学生也无法准确灵活地使用语言，就比如下面这组对话。

A：You look so pretty today.

B：No，I don't think so.

对于这组对话，其语音、语法、词汇均没问题，但是如果考虑到中西方不同的文化习惯，这种回答对英美人来说是难以理解的，因为这不符合英语社会的文化性常规。假如教师在英语教学中以此为切入点，比较中西方文化差异，学生就能在潜移默化中提高对中西方文化差异的敏感性，进而在今后的英语交际中也能特别注意。

（三）发展批判性思维

在新的时代背景下，大学英语教学应该不断培养学生的批判性思维，让学生对本国文化加以反思，然后根据多元文化的有利条件，对文化背后的现象进行假设，确立自己的个人文化观。

（四）树立多元文化意识

对世界文化多样性的了解，有助于人们建立多元文化意识与观念。不同文化产生的背景不同，它们是不能相互替代的。基于全球化的视角，各个文化群体之间的交流也日益频繁，因此需要对异质文化予以理解与尊重，努力避免在交际过程中出现冲突。在新时代背景下的大学英语教学中，教师应该努力培养学生积极理解不同文化的意识与能力，让他们对自身文化有清晰的了解，同时以正确的心态对待他国文化，应对世界的多元化发展。

（五）为学生创造学习异质文化的机会

当中西方两种文化进行接触时，不可避免地会发生文化碰撞的情况，可能很多时候会让人感到不适应。因此，大学英语教师应该帮助学生避免这一点，让他们有更多的机会了解异域文化，提升自身的文化适应力。

（六）有利于满足社会对英语人才的需求

时代不同，社会对英语人才的需求也存在差异，因此英语教学的模式也必然存在差异。近些年，随着全球化的推进，国与国之间的交往更为紧密，这就需要英语发挥中介与桥梁的作用。英语运用得是否流利、准确，直接影响着交际能否顺利开展，21 世纪对英语人才的需求更大、要求更高。因此，开展英语教学显得尤为必要，其与 21 世纪的社会需求相符，也有助于培养出高标准的英语人才。

第二节　大学英语教学的原则

一、以学生为中心

学生作为教学活动的主体，同时也是教学活动的内在因素，因此教师在教学活动中，必须以学生为中心，才能将学生的主观能动性激发出来，才能提高教学质量。以学生为中心就是在进行教学过程中，根据学生的实际情况来设计并制订教学活动，从而培养学生的交际能力。

在进行英语教学时，教师的指导作用不容忽视，但是充分调动学生的积极性才是教学质量有效提高的保证。以学生为中心需要教师在教学中为学生的学习创造条件，教师的"教"必须建立在学生"学"的基础上，教师的"教"要以学生的"学"为依据。教师在教学中的所有活动都要充分考虑学生的心理特征和个性需求，根据学生的反应及时调整教学活动。要做到以学生为中心，教师应在以下几个方面突出学生的中心地位。

（一）教材分析

在对教材进行分析时，教师要充分理解和把握教学内容，并利用自己的教学经验对教材进行筛选，选出一些适合大学生实际情况的学习目标和学习任务。教师可以对教材内容进行最优化处理，使其更加符合学生的学习经验和心理诉求。

（二）备课

备课是教师教学的重要环节，教师可以通过备课了解学生。教师可以通过学生在课堂上的表现、测试成绩等了解其学习状况，这些情况的了解有利于教师根据学生的学习水平、接受能力、学习风格及学习态度等来设计教学实践活动。教师在备课中应尽量设计一些开放性较强的学习任务，这样可以使所有学生都参与进来，让学生真正成为学习的主体。

（三）教学活动

教师要根据学生的特点、知识结构、学习兴趣等进行形式多样的活动设计。学生的性格不同，性格开朗外向的学生往往善于表现自己，因此其对教学活动的参与度较高。而那些性格比较内向的学生不善言谈，羞于表现自己，因此对于教学活动的参与度较低。这就要求教师在尊重学生差异性的基础上设计一些能够使所有学生都可以参与的教学活动，教学活动的设计要确保学生能全面参与并能将学生的参与积极性激发出来。

（四）教学方法和教学手段

教师要有多元化的教学方法和教学手段。不同的教学手段具有不同的效果和作用，教师应合理利用这些教学手段，使其作用最优化。直观的教具可以刺激学生的感官，使学生通过视觉、听觉等来加强对知识的记忆。形象化的教学手段，如幻灯片、投影、模型等可以将知识直观地展示出来，使学生在一种轻松愉快的氛围中学习语言。除此之外，教师还应对学生在学习过程中的表现作出适当且及时的评价，使学生能够改正自己的缺点，弥补自己的不足。

二、交际性

只要涉及交际，就离不开语言，语言在交际中占据着十分重要的地位。人们学习语言的主要目的就是能利用语言进行人与人之间的交流与思想的表达、传递，而不只是掌握语言的语法和词汇。海姆斯指出，交际是在特定语境中说话者和听话者、作者和读者之间的意义转换[①]。根据海姆斯对于交际的定义可以得出几点认识：第一，交际有两种形式，即书面语和口语；第二，交际必须在一定的语境中发生；第三，至少要两个人的参与才能构成交际活动；第四，交际是参与者之间的互动。

根据以上内容可知，交际就是可以在不同的环境下用语言进行得体的交流。大学阶段是非常重要的一个阶段，因为在这阶段中，学生可以

---

① 孙志永. 当代大学英语教学新理念与教学实施探究［M］. 赤峰：内蒙古科学技术出版社，2021.

把自己学习到的英语知识进行系统化整理，并逐渐将理论知识向实践能力方向转变。因此，在大学阶段进行教学时，就需要教师遵循交际性的原则，这样才能使学生将自己学习到的英语知识运用到各种交际实践中，从而使学生的交际能力得到锻炼，交际技能也得到提高。想要达到这一目的，教师就要在教学中做到以下几点。

（一）认识课程本质

英语教学既是知识课程，又是技能培养型课程，对于大学阶段而言，技能的培养显得尤为重要。大学英语教学的基本过程可以分为教授、学习和使用，在英语教学过程中占据核心地位的是使用。大学英语教学课程的核心是学生能否运用交际工具来培养自身的交际技能，而不是看学生知识掌握得多少。大学英语的学习与学习游泳、打篮球类似，只有通过不断实践才能得到质的提升。只有认清大学英语教学的这一重要本质才能更好地学习英语，培养英语技能。

（二）设计情境

英语交际需要在一定的语言环境中进行，学生在这种语言环境下学习更有利于英语交际能力的提升，因此要在遵循交际性原则的基础上为学生创设适当的情境。需要注意的是，在进行情境设计时，要包含时间、地点、谈论主体、口头或书面的交际方式、参与者的个人情况（身份、年龄等）等信息。

以上列举的这些因素都会对交际带来重要影响，而交际内容会受交际双方的身份、年龄、教育背景等的影响。一个具有较高社会地位的人在交际中的语言比较礼貌、正式，而中下阶层的人的话语则比较口语化。例如，"Can you tell me the time"这句话可能是向别人询问时间，也可能是因为迟到而受到责备，不同的情境对于感情和思想的表达具有重要影响。因此，大学英语教学要遵循交际性原则，同时还要设计一些与学生实际生活相联系的情境，让学生在英语学习中有身临其境的感觉。为学生创设情境的好处就是能帮助学生学以致用，还能提高学生的学习兴趣。

（三）精讲多练

大学英语教学主要就是教师的"讲"和学生的"练"。在大学阶段，学生已经具备了一定的英语基础知识，因此教师在讲解时可以选择一些重点内容，突出讲解重点知识，不必面面俱到。英语作为一种培养型技能，对其的掌握必须要经过大量实践。因此，教师的讲解应该以简明扼要且重点突出为宜，讲解的目的是更好地指导学生进行实践。学生要在教师讲解的重要知识的指导下开展实践，只有通过不断的练习实践，学生才能提高英语交际能力。教师理论性知识点的讲解要以指导学生实践为原则，而学生的实践活动应尽量多样化。

三、兴趣性

孔子将学习分为三个境界，即知学、好学、乐学，其肯定了兴趣在学习中的重要性，兴趣才是学习最好的老师。有的学者认为当学生有了学习兴趣，就会促使学生积极探索世界、追求真理。学习兴趣是学习动机的一个重要组成部分，它可以促使学生对所学的内容抱有一种积极主动的态度。鉴于兴趣对大学英语教学的影响，教师应充分激发和培养学生的英语学习兴趣。为有效帮助教师培养学生的学习兴趣，教师应从以下几方面入手。

（一）尊重并了解学生

学生是学习的主体，是整个学习活动的重要参与者。到了大学阶段，学生已经形成了自己的人生观、价值观。在教学活动中，教师应充分尊重学生的心理，从学生的需求出发去安排教学内容，而不以自己的经验为准绳为学生规定一些强制学习的内容和任务。大学阶段是英语学习的高级阶段。在初级阶段，学生的自制能力较差，需要在教师的监督和指导下才能顺利完成学习任务。而大学阶段的学习具有一定的自我管理能力，学生能够对自己的学习负责，因此教师在教学中应尽量放开，不要过多地干涉学生的学习，尊重并了解学生的兴趣、爱好及学习心理。

（二）防止死记硬背

交际实践是英语学习的高级阶段，在英语学习的高级阶段，学习仍然需要牢记一些语法知识及词汇等内容，这些知识的学习具有一定的规律。教师应该在教学活动中为学生介绍一些有效的英语学习策略，以便于学生对知识的记忆和理解。教师应科学地设计教学过程，在教学过程中尽量创设真实的情境，使学生在真实的情境中习得并内化知识。

（三）增强交流

在大学班级中，学生都来自不同的地区，学生的性格、习惯等都有所差异，教师作为教学活动的主要组织者应对学生一视同仁。教师应通过各种不同的活动来增进与学生的交流，了解学生，与学生建立良好的关系。实践表明，学生对于课程的喜爱程度与教师存在着密切的关系。性格活泼且富有幽默感的教师使学生愿意与教师接近，学生也会因为喜欢某个教师而喜欢上其教的课程。也就是说，学生对英语的态度在很大程度上受到其对英语教师态度的影响。

四、输入优先

输入就是接受知识的过程，即通过听和读获得语言材料。与输入不同，输出是学生表达自己的思想，通过说和写实现。根据心理语言学研究得出，输入是输出的基础，只有输入的知识足够多，才能有输出的动力。它们之间成正比关系，语言输入得越多，输出语言的能力也就越强。

有效的语言输入一般具有几个特点：可理解性、恰当性、足够的输入量，根据克拉申对输入特点的分析可以将输入分为五种类型。

（一）可理解性输入和不可理解性输入

可理解性输入是指以学习者现有的知识水平可以理解的知识输入，这些知识材料的难度应略高于学习者现有的知识水平，通常用 $i+1$ 表示，其中 i 表示语言学习者现有的知识水平，而 1 则表示略高于现有水平。不可理解性输入是指在学习者现有的知识水平下无法理解的语言材料，可理解性输入可以促进学习者知识的习得，而不可理解性输入对语言知识的习得无益，有时还会对知识的习得产生干扰。

（二）粗调输入和精调输入

粗调输入是指比较原始的、没有经过任何处理的语言材料，精调输入是指经过调整后的语言输入。

（三）自然输入和非自然输入

自然输入是指学习者通过听和读所得到的语言材料，而非自然输入是指单词、词组和句型的背诵和记忆。

（四）外部输入和内部输入

外部输入是指学校和社会为学生提供的语言输入，内部输入是指学习者自身的语言练习或利用语言进行交流的活动。

（五）反馈输入和非反馈输入

反馈输入是指教师对学生的某一学习行为或举动所作出的反应，非反馈输入是指除反馈输入以外的语言输入。

　　根据以上对语言输入的分析，教师在教学中应尽量为学生创造接触英语的机会，课本上的教学内容是无法满足学生的知识需求的，教师应为学生提供尽可能多的课外知识。

第三节　大学英语教学模式的类别

　　目前，在各级各类学校中采用的教学模式数目众多，这些教学模式大致可以分为三大类：以教师为中心的教学模式；以学生为中心的教学模式；"教师主导-学生主体"的教学模式。这三种教学模式具有各不相同的特点，在学习理论和教学理念方面存在着明显的差异。根据我国的实际情况，在 20 世纪 90 年代前，教学模式都是以教师为中心，这种以教师为中心的教学模式就是传统的教学模式，目前仍然在教学实践中被广泛使用。20 世纪 90 年代，以学生为中心的教学模式逐渐发展起来，教育网络的广泛应用，进一步促进了这一模式的迅速推广。"教师主导-学生主体"的教学模式是一种全新的教学模式，教学中实现了现代信息技术与课程的有机整合。这种教学模式既强调充分体现了学生的学习主体作用，同时也十分重视教师的指导作用。

　　教学模式就是具体化的教学理论，同时也是教学实践的概括化形式和系统，具有多样性和可操作性。教师在教学模式的选择上，要与教学目标一致，同时还要考虑实际的教学条件，根据不同的教学内容来选择相应的教学模式。为了在教学中选用正确的、适合教学需要的教学模式，就必须了解和掌握常见的教学模式的类别，掌握它们的基本特点和适用范围。

一、以教师为中心的教学模式

（一）以教师为中心的教学模式的特点

在以教师为中心的教学模式中，教师作为知识的传授者，在施教过程中是主动的，在整个教学活动的进程中起到监控的作用；而学生是知识的学习者，作为知识的传授对象，是外部刺激的被动接受者；在教师进行教学时，需要借助教学媒体演示工具；教材则是学生学习内容的唯一工具，是学生学习知识的主要来源。这种模式的优势就是有利于发挥教师的主导作用，教师也能更方便地组织、监控整个教学活动进程，同时有利于教师与学生之间的情感交流，从而能更加系统地传授科学知识，还能充分考虑情感因素在学习过程中的重要作用。劣势就是教师主导了课堂，发挥不了学生是学习的主体作用，这将会使学生的创新思维得不到发展，从而不利于培养具有创新能力的人才。换句话说，这种教学模式更有利于培养知识应用型人才，而不是创造型人才。

现如今，我国还有部分学校认为学生的主要任务是掌握教师讲授的内容，这种教学只是把学生当作灌输知识的对象和被动接受者，忽视了学生是学习的主体，忽视了学生具有主观能动性和创造性思维。正是受这种教学模式的影响，学生形成了对书本盲目崇拜和盲目信奉教师权威的习惯性思维，使得学生缺乏对问题的主动探索精神。

（二）以教师为中心的教学模式的理论基础

由于以教师为中心的教学模式发展历史比较悠久，因此其在教学理论方面的基础就较为复杂。夸美纽斯是一名捷克的教育家，他在17世纪30年代出版了《大教学论》一书，在这一书中提出了班级授课制，自此开创了以教师为中心的教学模式，此后在众多教育学家和教育心理学家的推动下，不断深入这一领域的实践探索，也出现了大量的教学理论成果，其中最为重要的是行为主义的学习理论和奥苏贝尔的教学理论。

1. 行为主义的学习理论

行为主义理论是以教师为中心的教学模式的重要理论基础。学习理论是教育学和教育心理学的一门分支学科，描述或说明人类和动物学习的类型、过程及有效学习的条件、重点研究学习的性质、过程、动机及方法和策略等。有关学习理论的研究派别主要有行为主义学习理论、认知主义学习理论、建构主义学习理论、人本主义学习理论等。这些派别又主要分为两大理论体系：一是行为主义学派，它把学习看作刺激与反应（S-R）之间联结的建立，是尝试错误的过程（试误）；二是认知理论派，它认为学习是对情景的理解或顿悟，是认知结构的变化。从 20 世纪 60 年代末以来，两大理论体系有趋同之势，如加涅的累积学习论和班杜拉的社会学习论被认为是对两大理论的兼容并蓄。

行为主义学习理论诞生于 20 世纪初，它是在反对建构主义心理学的基础上发展起来的，其代表人物有巴甫洛夫、桑代克、斯金纳、班杜拉等。行为主义的学习理论可以用公式 S-R 来表示，其中 S 表示来自外界的刺激，R 表示个体接受刺激后的行为反应。他们认为个体在不断接受特定的外界刺激后，就可能形成与这种刺激相适应的行为表现，他们把这个过程称为 S-R 联结的学习行为，即学习就是刺激与反应建立了联系。行为主义学习理论重视与有机体生存有关的行为的研究，注意有机体在环境中的适应行为，重视环境的作用①。

---

① 胡壮麟. 行为主义学习理论为何"批"而不"倒"[J]. 英语教师，2008（4）：4-7.

行为主义学派以研究外显行为为主，不研究意识和内部的心理过程。他们将个体行为归类到个体适应外部环境的反应系统，也就是"刺激-反应系统"。他们认为引起学习这一活动的原因就是对外部刺激的反应，由于行为主义不研究刺激所引起的内部心理过程，所以他们认为学习和内部的心理过程不存在关联。只要将刺激控制住，就能控制行为并预测行为，从而也就可以控制和预测学习效果。根据此观点，认为人类的学习过程就是被动接受外界刺激的过程，教师的任务也就是向学生灌输知识这一外界刺激，而学生的任务就是理解并掌握教师传授的知识，也就是接受外界刺激。

2. 奥苏贝尔的教学理论

20 世纪 60 年代以后，随着认知心理学的诞生，学习理论开始重视研究学生处理环境刺激的内部过程和机制，用 S-O-R（O 即学习的大脑加工过程）模式来取代简单的没有大脑参与的 S-R 联结，注重有机体的学习是发生在大脑中的人类经验的重组过程，人类学习的模式不应该简单地观察实施刺激以后的有机体的反应方式，而应该关注学生本身对知识的建构和重组，不同种类的学习有不同种类的建构模式。同时，还主张在教学中要加强学生有意义学习的比重，运用同化与顺应的方法有效地促成学生知识结构的建立。认知学派的主要代表人物有布鲁纳、奥苏贝尔、加涅、皮亚杰等。

目前教育界已经形成共识，认为学习过程既含有认知因素，也含有情感因素。因此，要想有全面的理论支持以教师为中心的教学模式，就要分别研究认知因素、情感因素对学习过程的影响。还可以在此基础上，提出能应用于实践的教学策略，目的是优化教学过程，提高学习的质量和效率。在众多以教师为中心的教学模式理论中，只有美国著名教育心理学家奥苏贝尔的教学理论对这一教学模式给予了全面支持。

奥苏贝尔对教育心理学的杰出贡献集中体现在他对有意义学习理论的表述中。他在批判行为主义简单地将动物心理等同于人类心理的基础上，创造性地吸收了皮亚杰、布鲁纳等同时代心理学家的认知同化理论思想，提出了著名的"有意义接受学习""先行组织者"等理论，将学习论与教学论有机地统一起来①。奥苏贝尔丰富的教学理论内容，主要体现在"有意义接受学习"理论、"先行组织者"教学策略和"动机"理论的研究。

（1）"有意义接受学习"理论。根据学习类型的深入研究，可以将学习分为"有意义的学习"和"机械的学习"。能否建立起新旧知识之间的联系，是影响学习质量的重要因素，也是教育心理学中最基本、最核心的一条原理。有意义的学习就是希望通过学习获得对知识所反映的事物性质、规律和事物之间关系进行认知，要想实现这一意义的学习，前提就是要让学生的原有知识结构与新学习的知识建立一种实质性联系，要注意这种联系不是任意的联系。只有建立联系的学习才是有意义的学习，要不然只能是机械学习。奥苏贝尔认为影响学习的最重要因素是学生已经知道的知识，所以我们需要研究这一点，并据此构建我们的教育模式与体系。

奥苏贝尔还指出有两种方式可以促进实现有意义的学习，分别是接受学习和发现学习。接受学习的基本特点是教师在对学生进行知识的教授时，都是以一定的方式进行的，学习的课题并不涉及学生方面的任何独立的发现。学生们只需要吸收或组织所呈现出来的材料，以便他们在未来能够使用这些材料。发现学习的主要特点是，学习的中心内容不是由教师提供的，而是必须由学习者发现，然后才能有意义地将其纳入自

①（美）戴维·保罗·奥苏贝尔. 意义学习新论：获得与保持知识的认知观［M］. 毛伟，译. 杭州：浙江教育出版社，2018.

己的认知结构。由此可见，接受学习主要是依靠教师发挥主导作用，并通过"传递-接受"的教学方式来实现。一般情况下，接受学习和发现学习都能实现有意义的学习，其中的关键就是能将新知识与原有的认知结构建立一种实质性的联系。如果无法建立这种联系，那"传递-接受"的教学方式将是毫无意义可言的，同时"发现式教学"也无法实现有意义的学习目标。

（2）"先行组织者"教学策略。奥苏贝尔不仅指出，有意义的学习可以通过发现式学习和接受式学习来实现，而且还探讨了在这两种教学形式下实现有意义学习的具体教学策略。尤其是深入研究了"传递-接受"教学方式下的教学策略，并取得了一定成果，这一策略就是"先行组织者"教学策略。能够促进有意义的学习的出现和维持的最有效的策略是通过适当的引导材料对要学习的新内容进行引导和指导，这种材料使人们更容易在新旧知识之间建立联系，从而加强和吸收新的学习。这种类型的引导性材料被称为"组织者"，由于其经常是在介绍当前学习内容之前，因此又称为"先行组织者"。"先行组织者"不仅有助于建构有意义的学习，还能帮助学习者认识到当前学习的哪些部分与他们头脑中的原始认知结构密切相关，从而有效促进有意义的学习。

奥苏贝尔的"先行组织者"教学策略是在分析与控制原有认知结构的可利用性、可分辨性和稳固性的基础上，实施的一种教学策略。由于它既以认知学习理论为基础，又具有很强的操作性，因此，这种学习策略自1978年由奥苏贝尔提出以后，影响也越来越大。它是目前实现"有意义的学习"的最具代表性和最有效的教学策略之一。

（3）"动机"理论。奥苏贝尔深入分析了学习过程中的认知条件和因素，并提出了"有意义接受学习"理论和"先行组织者"教学策略。同时，这也引起了奥苏贝尔对影响学习过程的另一个重要因素的注意和深入了解：情感因素的作用。情感因素对学习的影响主要是通过动机在三个方面起作用。

一是影响有意义学习的发生。动机不会对有意义学习的发生带来影响，这是因为动机不会参与建立新旧概念、新旧知识之间的联系，但动机会使学生发挥出巨大的潜力，如在集中注意力、学习持久性、挫折忍受力和加强努力等方面，通过这一方面促进了新旧知识之间的相互作用，进而更有效地促进有意义的学习。

二是在习得意义的保持上受到动机的影响。动机不会直接影响习得意义的保持，这是由于动机不参与建立新旧知识之间的联系和相互作用，但要想保持习得意义，只有通过复习才能实现，在复习过程中，动机仍可通过使学生在"集中注意""加强努力"和"持久性"等方面发挥出更大潜能，提高新获得意义的清晰性和巩固性，从而有效地促进保持。

三是在知识的提取方面会受动机的影响。动机太强则会抑制知识的提取，使得原本能想起的知识想不起来。例如，在考试过程中，正常水平没有完全发挥出来，这是由于心理紧张和动机过强导致的。动机太弱，会无法将学生神经系统的全部潜力调动起来，进而导致提取知识的能力减弱。

在以上论述的基础上，奥苏贝尔进一步指出动机的组成是三种内驱力，这三种内驱力分别是"认知内驱力""自我提高内驱力"和"附属内驱力"[1]。

认知内驱力和日常常说的好奇心、求知欲的概念大体相同，都是有一种欲望或动机来促使人们获取知识、了解世界、发现问题并解决问题。这种认知内驱力由于是满足求知活动本身，所以是一种内在的学习动

---

[1] 张芳芳. 基于建构主义的大学英语混合式教学研究［M］. 北京：九州出版社，2022.

机。而有意义学习的结果就是对学生的一种激励，所以说这是有意义学习中的一种最重要的动机。例如，儿童从出生起就充满了好奇心，他们对周围世界的探索和了解越多，他们就会越满足。这种得到的满足对儿童来说就是一种激励，同时还会进一步强化他们的求知欲，从而增强学习的内驱力。

自我提高内驱力是学生希望在家庭和学校中提高自身的地位的一种学习动机，往往会通过获得优秀的学习成绩来实现这一目的。伴随着学生年龄的增加，学生的自我意识也在渐渐增强，具体表现在他们希望能够在家庭和学校中受到尊重。这种希望能受到尊重的愿望，可以推动学生更加努力的学习，获得好成绩，从而获得与成绩一样的地位。具有较强的自我提高内驱力的学生，他们追求的不是知识，追求的是知识外的地位满足，因此这也是一种外在的学习动机。

附属内驱力是一种通过保持长辈、教师或集体的认可来获得派生地位的动机。这种动机追求的也不是知识，而是自尊的满足，即家长和教师的认可，所以这也是一种外在的学习动机。

每个人都可能有这三种不同的动机，但其所占比例则是由人自身的因素决定的，如年龄、文化程度、性别、人格特征和社会地位等。童年时期占比最大的动机是附属内驱力，同时这也是获得良好学习成绩的主要动机；在少年期，附属内驱力会逐渐降低，由一开始的追求家长认可到追求同龄伙伴的认可；在青年期和成人时期，自我提高内驱力则成为占比最大的动力。虽然突出强调了内在动机的重要性，即认知内驱力，但也不能忽视外部动机的作用，尤其是自我提高内驱力。自我提高内驱力在个人的学术生涯和职业生涯中起着长期的作用。与其他动机相比，自我提高内驱力有强烈的情感因素，既有对成功的期盼与渴望，又有对失败的焦虑和恐惧。

奥苏贝尔的"动机"理论深入分析了情感因素在认知过程中的作用

与影响。如果我们能依据学生的不同年龄特征,在教学设计过程中适当的运用这些动机,使学习过程中的认知和情感因素得到更好的协调配合,那么就会取得更好的学习效果。但遗憾的是,奥苏贝尔以教师为中心的教学模式和"传递-接受"教学理论为人类教育理论的发展作出了一个并不科学的论断。奥苏贝尔否认甚至淡化了发现式教育的重要作用,认为发现式学习或发现式教学法只适用于实验课中,而在一般的课堂教学中则不能成为一种高效传授学科内容的基本方法。奥苏贝尔的这种观点,已经被实践证明是错误的。

二、以学生为中心的教学模式

(一)以学生为中心的教学模式的特点

在建构主义理念的基础上,发展出了以学生为中心的教学模式。在20世纪90年代后,伴随着社会的快速发展,计算机、多媒体与网络技术被广泛运用。以学生为中心的教学模式主要有四个特点:第一,学生是学习的主体,是知识意义的主动建构者;第二,教师是课堂教学的组织者和指导者,也是学生建构意义的帮助者和促进者;第三,教学媒体是促进学生自主学习的认知工具;第四,学生不是只能在教材上学习内容,还可以通过其他途径进行自主学习,从而获取知识,如图书馆、互联网、资料室等。

在建构主义理念下,学习是以学生为中心的,学习的主要目的是满足自己的知识需求,在这一过程中学生可以使用探索法和发现法等学习方法进行学习。学生在整个学习过程中处于主导地位,而教师在整个学习过程中处于从属地位,起着辅导、指导、支持和激励的作用。同时,建构主义的学习观把学习看作社会性、真实性的学习,学生如果在学习过程中,遇到难题或不解的地方,可以选择与同伴共同商讨解决,也可以选择请教教师。在整个学习过程中，学生都与他人有着紧密的联系。建构主义理念下的学习重视学习目标的指引和建构，提倡累积性的学习。学生自己设定学习目标，在既定学习目标的指引下，将当前的学习内容与先前的学习内容相联系进行学习，并在对新信息加工的同时，将其与其他信息相联系，在保持简单信息的同时理解更复杂的信息。只有当既定的学习目标得到实现或形成时，学生的学习行为才被认为是成功的。

（二）以学生为中心的教学模式的理论基础

随着计算机和网络教育应用的飞速发展，在教育学研究和教育实践领域中正发生着一场"革命"。20 世纪 90 年代以后，建构主义和教育技术逐渐发展壮大并得到广泛推广，由此出现了以学生为中心的教学模式。这一教育模式的理论基础较为单一，即建构主义的学习理论和教学理论。其核心内容可以由"学习生成模型"来进行概括，"学习生成模型"是由美国著名的认知心理学家维特罗克提出的。

1. 建构主义的学习理论

建构主义的代表人物是维特罗克，他在 1983 年提出了"人类学习的生成过程模型"，即"学习生成模型"，这一模型是维特罗克通过研究并总结认知心理学前 20 年的发展历程和他自身在学习理论方面的研究成果之下提出的。"学习生成模型"将认知建构主义学习理论的成就全面反映了出来，在许多方面有着重要的指导作用，如了解人类学习生成过程，组织各学科、各类型的教学活动，还有信息技术与学科的融合、网上课件的研制与开发等。

学习生成过程是指学生在所处环境中，依据自身的态度、兴趣、需求、爱好与认知策略，对感觉信息产生了选择性的注意，然后利用原有的认知结构对选择性的信息进行意义建构，从而获得新知识与新经验的过程。根据维特罗克模型，该学习生成过程包含六个步骤。

第一，在学生的长时记忆中，影响他们感知和注意力的东西（如态度、需求、兴趣和偏好等）及他们以某种方式处理信息的倾向（如认知能力等）最终会在短时记忆中出现。

第二，基于这些内容和这些倾向，形成个体的学习的动机，并通过这种动机对当前环境中的感官信息进行选择性关注，从而选择人们感兴趣的感官信息。

第三，要想理解选择性信息，就需要进一步建构选择性信息的意义，这也是学习生成过程的核心，换句话说，也就是将选择性信息与长时记忆中与之有关的信息建立一种联系，即新知识与旧知识的联系，也将这一过程称作"语义编码"。

第四，检验刚刚建立起的试验性联系，以此来确定意义建构是否成功，检验方法就是对照当前的感觉信息和长时记忆中已有的信息。

第五，若意义建构没有成功，就需要检查该信息与长时记忆中的试验性联系是否适合。例如，当前的感觉信息是否真实且可靠？当前的感觉信息是否采用了没有依据的假设？长时记忆中提取的信息是否恰当准确？感觉记忆中选择的信息是否适宜？

在经过上述的检验后，重新回到第三步骤，再次建构选择性信息与长时记忆中原有的认知结构的联系。若意义建构成功，则可进入到下一步的环节。

第六，理解了新信息的意义，就会将这个意义根据特定的类属关系从短时记忆添加到长时记忆中，以实现与原有认知结构的同化或顺应。

上述模型的核心是强调学生主动建构信息意义，还解释了与意义建构相关的心理要素和心理加工过程。这种以学生为中心的教学模式，重点强调了在学习过程中要将学生是学习的主体的作用充分发挥出来，还要注意发挥学生的主动性、积极性与创造性。建构主义强调将学生原有的知识经验作为新知识经验发展的起点与基础，当学习问题一旦被呈现时，学生会基于以往的经验，依靠他们的认知能力，形成对问题的解释。由于学生的经验以及对经验的信念不同，学生对外部世界的理解也是不同的。

学习过程不是从感觉经验本身开始，而是从对该感觉经验的选择性注意开始。在学习任何一门学科时，学生都会以原有的认知结构和自身经验来理解并建构新的知识或信息，其中自身经验包括正规学习前的非正规学习和科学概念学习前的日常概念。建构既包含对新信息的意义建构，又包含对原有知识经验的改造与重组。因此，他们更关注在建构知识时，如何以原有的经验、心理结构和信念为基础，同时也更强调学习的主动性、社会性和情景性。

2. 建构主义的教学理论

在建构主义理念下，教学不是知识的传递而是知识的处理和转换，教师不再是知识权威的象征。不同的学生对不同的现象有着不同的看法和理解，教师要重视学生有着不同的理解，认真倾听学生的看法，并思考学生这些想法来源，在此基础上，引导学生丰富或调整自己的解释与看法。因此，教师和学生、学生与学生之间应该相互合作，探讨具体的课题，交流和了解对方的想法，教师应该引导学生在原有经验的基础上发展新的知识，学生自己也要通过活动努力建构形成自己的基本概念和思维形式。

建构主义学习理论是以学生为中心，要求学生由学习的被动接受者转变为信息加工的主体，由知识的灌输对象变为知识意义的主动建构者，建构主义的教学理论要求教师从知识的传授者、灌输者变为学生主动建构意义的帮助者和促进者。为了实现这一目标，需要教学设计围绕"自主学习策略"和"学习环境"进行。自主学习策略是整个教学设计的核心，通过各种学习策略激发学生去主动建构知识的意义，这也是诱发学习的内因。"学习环境"则为学生主动建构创造必要的环境和条件，这也是提供学习的外因。

在建构主义理念下，教师在教学过程中不再以教师为中心，也不要把学生当成单纯的知识接受者，应抛弃这种传统的教育思想和教学模式，要积极采用全新的教育思想、教学模式、教学方法和教学设计。教师的角色应该是学生建构知识的忠实支持者，是学生学习的高级伙伴、合作者。虽然建构主义十分重视个体的自我发展，但它也不否认教师外在影响的作用，反而认为还需要教师向学生提供一些复杂的真实问题。这就需要教师不仅要多探索这些复杂的真实问题，还要有解决这些问题的多种答案，从而才能更好地激励学生提出解决问题的多种观点。教师应向学生提供认知工具和心理测量工具，以培养并发展学生评判性的认知加工策略；培养学生建构知识和理解的心理模式，帮助他们获得解决各种问题所需的知识、技能和策略；培养学生独立自主的学习习惯，使学生成为独立的思考者和问题解决者。在具体的教学中，教师要清晰地认识并掌握教学目标，要知道教学是不断减少外部控制、不断增加学生自我控制的过程。

教师不仅要关心学习的实质，关心学生学什么、怎么学及学习的效率如何等问题，还要明确要求学生获得什么样的学习效果。与传统教学相比，建构主义教学要求教师需要承担更多的教学责任，还要为学生提供一定的辅导。教师不是把知识简单呈现出来就可以的，而是要不断促使并引导学生丰富和调整自己的理解。因此，教师要在教学实践中，创设一种良好的学习情境，在这种环境中，学生可以通过实验、自主探究与合作学习等方式展开学习。教师要积极帮助并引导学生建构知识，在建构意义的过程中，教师应要求学生主动收集和分析相关信息，对所学的问题提出不同的假设，并对这些假设进行检验。要善于将学生当前所学的内容与自己原有的知识经验联系起来，并认真思考这种联系。为了使得意义建构更加有效，教师应尽可能地组织协作学习，还要适当地提出问题，从而引起学生的思考与讨论。在学生进行讨论时，要将问题逐步引入到更深层次中，从而加深学生对所学内容的理解。在教学过程中还要遵循启发诱导教学原则，让学生自己发现规律，同时要及时对学生存在的错误或片面的认识进行纠正与补充，在协作学习过程中，积极引导学生，使学生朝着有利于意义建构的方向发展。在创设符合教学内容要求的情景和提供新旧知识之间联系线索的基础上，激发学生的学习兴趣，使学生的学习动机得到保持。

在建构主义理念下，教学过程十分重视培养学生自主学习能力，在培养学生自主学习能力中，常见的教学策略有"随机进入式"教学、"抛锚式"教学、"支架式"教学、"启发式"教学和"自我反馈式"教学等多种策略。这种教学结构强调学生是学习的主体，是知识意义的主动建构者，因此其不仅有利于学生主动探索和发现，还有利于培养创造型人才，这是建构主义理念进行教学的最大优势。

同时，建构主义的教学理念认为，情境创设、协商对话和信息资源提供是学习环境中应该具备的基本特征或要素，而计算机、多媒体和网络技术的普及又为实现建构主义的学习环境提供了最理想的条件。因为计算机、多媒体、网络能提供图文并茂的多种感官综合刺激，这不仅有利于情境进行创设，还有利于获取和保持大量的知识。同时还能提供形象直观的交互式学习环境，这种交互式的学习环境不仅能激发学生的学习兴趣，还能使学生进行协商对话和协作学习。除此之外，在组织管理学科知识和各种教学信息时，还能运用超文本和超链接的方式进行。在互联网的基础上，组织建构的知识库和信息数据库，不仅利于学生积极发现和探索，而且还利于促进联想思维的发展，和建立新旧知识之间的联系。这些信息技术所提供的支持，对于塑造和发展学生的认知结构及他们所学知识意义的建构是非常有利的。

三、"教师主导-学生主体"的教学模式

以教师为中心的教学模式在以学生为中心的教学模式的冲击下，依然维持着相当稳固的地位，主要原因在于奥苏贝尔教学理论的支撑，其中"有意义接受学习"理论、"动机"理论和"先行组织者"教学策略发挥了巨大的作用。但是，奥苏贝尔对"发现式"教学所持的否定的观点，成为其教育理论最致命的不足。

奥苏贝尔所处的时代是 20 世纪 70 年代前后，当时微型计算机刚问世不久，多媒体技术也没有普及，计算机网络的应用只限于军事和相关研究部门。由于受到当时时代的限制，信息技术所具有的潜能未被人们发掘出来，如在开发人类智力、在教育和教学领域的应用潜能。课堂教学中除了粉笔、黑板，只有幻灯片、投影仪、录音机和录像机等视听媒体。这类媒体虽然有图文并茂的效果，但是没有交互性的学习环境，因此也就无法让学生主动参与到学习中，难以作为一种认知工具，让学生参与独立学习、探索和发现，只能单纯的作为教师的授课工具。同时，由于缺乏超文本和超链接方式的支持，学生很难在教学中进行搜索和参考现有的信息资源，而且在当时的教学条件下，实施发现式教学是非常困难的。

20 世纪 90 年代以来，由于多媒体和互联网技术的迅猛发展，现代信息技术应用在教育和教学领域的重要性日益为人们所认知，西方受建构主义的学习理论和教学理论的影响也在逐渐加深。建构主义的学习理论注重以学生为中心，认为学生在信息加工中处于主体地位，同时也是

知识意义的主动建构者。建构主义的学习理论认为学生的知识是在一定的条件下，由其本身借助的必要的学习资源来主动建构的，这种建构的方式可以是协作、讨论、交流、教师的帮助与指导等。建构主义学习环境的基本要素主要包括协商对话、情境创设和信息提供，在这种环境下，学生能学习并掌握学科内容的基本方法是"发现式教学"，这也是以学生为中心教学模式中的基本教学形式。

简而言之，正是由于现代信息技术为实现建构主义学习环境带来了巨大的帮助，进而使得建构主义在20世纪90年代流行于社会。同时建构主义学习理论与教学理论为互联网和多媒体在教学中能被广泛应用奠定了良好的基础，也为以学生为中心的教学模式的推广使用打下了坚实的基础。但由于建构主义学习和教学理论提倡的以学生为中心的教学模式中，注重学生的"学"，进而忽略了教师在教学中的主导地位，也忽略了在学习过程中教师与学生之间情感的重要性。这将会使得学生在进行自主学习时，没有受限，自由度过大，从而会逐渐偏离教学目标的要求。上面所讲的以学生为中心的教学模式的优劣势同样也是建构主义理论本身优劣势的表现，需要认清这一点，才能更好地进行建构主义理论的应用与推广。

通过上述分析可知，"以教师为中心"和"以学生为中心"的教学模式都是既有优点又有缺点，两者不能相互取代或否定。以教师为中心的教学模式的主要理论基础是奥苏贝尔的"有意义接受学习"理论、"动机"理论和"先行组织者"教学策略，建构主义的学习理论与教学理论则是以学生为中心教学模式的主要理论基础。两者要是进行结合，并在这过程分别弥补自身的不足，那么就会达到一种更优秀的新型教学模式。在教学过程中，既要将教师的主导作用发挥出来，又要发挥学生在学习过程中的主体地位；既要注重教师的"教"，又要注重学生的"学"，分别调动起教师和学生的主动性与积极性，使学习过程和学习效果能在新的教学思想的影响下进行最大程度的优化，最终培养出优秀的创新型人才。

　　为了能与以"教"为中心的教学模式和以"学"为中心的教学模式进行更好的区分，因此，只要是根据这种思想与目标实现的教学模式，统一称为"学教并重"教学模式。这种教学模式不仅注重学生是学习的主体，还要发挥教师在教学中的指导作用。与此同时，这种教学模式实现了现代信息技术与课程的有机整合，是一种全新的教学模式。

　　之所以要强调这种基于现代信息技术（尤其是互联网）的教学模式，主要是因为互联网技术在教学中的应用对于创新精神与实践能力培养来说，具有四个不可替代的作用和优势：一是它可以成为获取、分析、处理、使用和评价信息的丰富资源，对培养学生的信息素养技能非常有用；二是在实验条件上，可以提供方便观察、设计与参与实际操作的仿真实验条件，这对学生主动建构知识意义带来了巨大的帮助；三是互联网技术在教学中是一个十分理想的教学媒体，可以通过互联网进行会话、讨论、思想沟通与协作交流等，有利于培养学生的合作精神、高尚情操和健全的人格；四是互联网技术还能创设与客观世界相似的真实情景，在这种真实情境中，能更加方便地进行感知、体验与解决问题，十分有利于培养学生的探索精神与创新能力。基于网络的"教师主导-学生主体"教学模式是奥苏贝尔的教学理论和建构主义学习理论与教学理论二者的结合。

　　如上所述，建构主义理论的优点是有利于培养具有创新思维和创新能力的创新型人才，缺点则是忽视教师主导作用的发挥，因而不利于系统知识的传授，甚至可能偏离教学目标。同时，它也忽视了情感因素在学习过程中的作用①。而奥苏贝尔的理论刚好对建构主义教学理念起到

① 赵延清，贾云宏. 建构主义教学理念和教学模式［J］. 辽宁医学院学报（社会科学版），2007，5（4）：63-65.

补充的作用，其优点是有利于教师主导作用的发挥，它所主张的"有意义接受学习"理论和"先行组织者"教学策略，都是建立在充分发挥教师主导作用的基础上的。同时，它也重视情感因素在学习过程中的作用。奥苏贝尔的"动机"理论能用来较好地控制与引导情感因素，使之在学习过程中发挥积极的促进作用。奥苏贝尔教学理论的缺点是太过片面地强调"传递-接受"教学模式，否认"发现式"教学模式的作用，在教学过程中，使学生一直处于被动学习，这就会导致学生的创造性和主动性发挥不出来，进而也会导致难以培养与发展创新型人才。可见，奥苏贝尔的学习理论和建构主义的学习理念可以相互补充，这也使"主导-主体"的学习模式在理论上更加科学和完整。因此，这种新的教学模式不仅适合作为课堂教学的指导，而且也适合设计和开发多媒体学习工具和在线课程。

第四节　大学英语教学模式的现状

在如今社会中，我国的高等教育仍在使用传统的教学模式进行教学，这种传统的教学模式已无法满足高等教育培养目标的需求。因此，我国亟须建立一种符合自身特色并能培养出技术复合型人才的现代教学体系。

伴随着信息社会与知识经济时代的发展变化，传统的教学模式也渐渐出现漏洞，如教学手段较为单一、教学方法采取灌输的方式、教学内容老旧、教师知识结构跟不上时代的变化、教学与科研生产相分离等。

近年来，人们对大学英语教学改革的呼声越来越大，大学英语教学费时低效的弊端日益受到人们的关注。为了促使我国大学英语教学改革，提高大学英语教学的效率，必须先对大学英语教学中存在的问题进行探索。

一、英语教学问题综述

我国学生从小学到大学，甚至到硕士、博士阶段，将大量的时间和精力投入到了英语学习中，特别是举行全国四、六级统考以来，大学英语教学受到了空前的重视。但是，我国学生英语的整体水平不高。虽然目前各大学英语教学条件、教学设施都得到了很大的改善，学校领导、教师及学生都付出了很大的努力，但始终没能获得应有的效果，"哑巴英语"的帽子始终戴在学生头上。另外，对于非英语专业的学生来讲，学习英语的目的多是应付英语四、六级考试，一旦过关就把英语抛到脑后。当然也有一些学生对英语学习非常重视，将大量精力放在英语学习上。

学生英语水平普遍不高与英语教学方式的滞后存有很大关联。在课堂上，教师一直讲，学生一直闭口听、记笔记，却害怕开口、害怕提问。下课后，学生也只是背单词、背笔记、做机械性的训练。这种完全没有启发式的教学，使得学生既无法提高对英语学习的兴趣，也无法提高英语学习的成绩。

二、英语教学中的具体问题

（一）受"应试教育"的制约

传统英语教学模式的基本目标就是应试教育，应试教育与素质教育有一种根本区别就是两者的考试观是不同的。考试的功能是评价和选拔，由于人们长期受应试教育思想的影响，因此，人们对考试的选拔功能更看重。比如，大学英语四、六级考试早已成为大学英语教学的指挥棒，通过率的高低是评价学校及教师的一个主要标准。这就强化了四、六级考试的应试性，失去了考试原本的作用，也无法落实提高学生英语应用能力的目标。在语言学习上，听、说、读、写能力是十分重要的，同时还要多背。虽然语言学习上，语法知识的学习比较重要，但更加重要的是外语的语感，这就需要多背诵来提升外语的语感。没有背诵，也就失去了外语学习的"脊梁骨"。不仅是背单词，更重要的是背诵课文。而英语四、六级考试的题型主要是选择，这就使得学生将大量的时间花在了背语法、词汇，做大量模拟试题上。学生更加看重答案的标准性、唯一性，不愿意诵读课文，忽视了课堂上的讨论和交流，在心理上很排斥交际互动。太过依靠教师的讲解，则会使学生的思考与创新能力渐渐丢失。虽然有着较强的应试技巧，但交际素质则十分低下。此外，传统的英语教学模式较为枯燥单调，大大降低了英语教学和学习的积极性。教师在课堂上也常以讲授为中心，这种使学生被动的学习，使得原本应当生动活泼的学习过程变得死气沉沉。在这种呆板、单一的教学模式中，教师机械地讲，学生被动地听，课堂教学无法活跃和互动起来，学生的语言交际能力得不到提高。这样的教学过程一味地重复，也就失去了新奇性。如果长期的学习过程是枯燥无趣的，那将难以提高课堂的学习效率。

（二）教学模式和教学方法单一

目前，我国英语的教学模式存在呆板和落伍的问题，主要体现在两个方面。

第一，我国的英语教学仍沿用传统的模式。在英语教学中，教师不仅要为学生提供必要的语言知识，而且要鼓励和引导他们在各种阅读和其他交流活动中运用自己的知识和技能。但有较长一段时间，在英语教学上，我国采用的都是"书本＋黑板"的教学模式。这种教学模式没有兼顾"教"和"学"之间的关系，还忽视了英语教学的根本目的，即培养学生的交际能力。这种教学模式带来的后果是学生过分依赖教师，在独立运用语言能力上较差，还会出现分数高能力低的现象，这也使得学生在考试上得心应手，在实践上一无所知。

第二，教学手段比较单一落后。在现代技术发展的背景下，教学中出现了越来越多的现代化教学手段，这为学生在学习英语上，提供了更大的接触英语的范围。根据实际情况来看，在英语教学中，还是没有广泛应用现代教育技术。尽管有学校使用了多媒体和互联网进行教学，但最终并未达到预期的效果。出现这种的情况的原因有两方面：一是出现了"僧多粥少"的情况，即学生人数多，现代化教学设备较少，由于两者数量不均衡，进而产生了矛盾，从而整体缺乏多媒体学习环境；二是学校和英语教师不重视现代教育技术在教学中的作用，从而导致现代化教育设备无法将其功能最大限度地发挥出来。可见，要激发学生对英语学习的兴趣，提高他们综合运用英语的能力，必须改革英语教学手段，优化学生的学习环境。

（三）教材选择存在弊端

教材在很大程度上决定着课程的教学目的和教学方法，因此，对于任何一门课程而言，教材的设计和选择都非常重要，甚至决定了这一门课程教学的成功与否，英语教学也不例外。从目前的情况来看，我国非英语专业的大学英语教材，在内容的选择上还是偏向文学与政论，而忽视了现代的实用型内容。改革开放以来，社会各方面都得到了较快的发展，但是外语教学还有发展的空间。特别是在教材上，教材内容已与现代社会相脱节，教材设置已不能满足现代外语教学的需求。

20世纪90年代以来，虽然我国引进了合编的或原版的英语教材，并在我国本土教材的设计上有了较大改变。教材编写与内容挑选基本属于英美文学取向，其中不少选文出自名家，但是这些教材只追求"可教性与可学性"，而忽视了实用性，学生从课本上学到的知识无法在社会交际中得到应用，从而渐渐失去了对英语学习的兴趣。

要想设计一本好的英语教材，应该考虑以下几个因素。

（1）好的教学指导思想。

（2）内容的安排和选择符合教学目标。

（3）体现先进的教学方法。

（4）教材的组成是否完整，包括学生用书、教师用书、练习册、录音带（或录像带、光盘）等组成的立体化教材。

（5）教材的设计是否合理，即教材的篇幅、版面安排、图文比例和色彩等。

（6）教材语言的素材是否真实、地道。

总之，作为教材的直接使用者，教师可以结合以上因素为教材的设计提出建议，研究并制订出符合我国学生的科学性教材，从而促进我国英语教学的发展。

课堂教学要根据社会的需求制订目标，要想培养新世纪的人才，就需要有全新的思想观念，进行过优化的课程体系和具有高水平、高质量的师资队伍。每一位高等教育教师都应努力培养学生的英语实践能力，并以此为目标，要意识到从传统教育向现代教育的过渡是不可避免的，要从教学理念、教学内容、教学方法、教学模式和教师的知识结构等方面深入研究现代型教学及其特点。

第二章

大学英语教学方法与策略

本章主要介绍了大学英语教学方法与策略，共分为三节内容，分别是大学英语教学的方法、大学英语教学的策略及大学英语教学的课堂实践。

第一节　大学英语教学的方法

一、教学方法的定义

所谓方法，就是我们用来解决思想意识、行为活动、说话等问题的途径和程序。英语教学方法涉及语言和语言学习的本质特征、语言教学的目的、教师的职能、教学大纲的体系、学生活动的开展、教材有效运用、教学技巧的实施和程序的进行等，是进行语言教学的途径和做法，在语言教学过程中最佳观点的应用。英语教学法是一种非母语的教学理论和科学。所以，英语教学法不仅是英语研究学习和运用材料进行教育的过程，更是有关教学内容、方法和体系的科学。

英语教学方法是关于理论基础和操作程序的英语教学的思想体系。从理论上来讲，英语教学的理论、观点、原则的问题，就是关于英语在教学方面的科学思维、逻辑推理、哲学思考等。在实际操作方面，教师和学生做什么，做的方式是什么这样的具体问题，就是关于教学活动的内容的决策、技术和技巧的问题。理论和操作是英语教学的整体构成，科学分析是理论的基础，科学应用是操作程序的基础。

二、教学方法的框架

了解英语教学法的基本框架，有助于我们对英语教学方法内部出现的问题进行分析、比较，也有助于英语教师形成自己独特的教学风格和建立自己的方法体系。

（一）AMT 三级构架模式

美国应用语言学家安东尼提出了英语教学方法的 AMT 三级构架，这一说法表明了英语教学的科学分析和应用之间既相互依赖，又存在不同。

英语学习技巧策略实现的方法体系有赖于教学框架的层次性特征。方法体系与理论原则相一致，理论原则具有自明性，论述对象是有关教学内容的本质、有关语言教与学的一整套相关假设，方法体系是关于语言教学材料的整体计划。这一计划在与其理论原则相一致的前提下，各个部分也必须相互和谐一致。教学方法具有程序性，理论原则具有自明性，在同一个理论原则的基础上，可以创立许多不同的教学方法体系。

整体来讲，安东尼的 AMT 三级构架共有 Approach、Method、Technique 三层，这三层之间具有清晰的层次感和逻辑性，具体如下。

Approach 是指"理论原则"层，这一层是基础层，是有关语言本质的基本观点，这一层会直接或间接决定其他两层。

Method 是"方法体系"层，这一层介于 Technique 层和 Approach 层之间，决定 Technique 层，自己也被 Approach 层所决定。对于语言教学的内容、形式、操作程序、活动特征、教学框架的确立，都是在对认识语言和语言学习本质特征的基础上建立的。

Technique 是"技巧策略"层，是课堂教学组织过程中运用的技巧策略、活动、任务的具体内容。这一层直接决定于 Method 层，间接决定于 Approach 层。

由于 AMT 三级构架只是描述教学方法体系的外围结构，而对于本身内部结构则没有作出描述。因而，虽然三级架构看似十分合理，但十分单薄。鉴于此，理查兹和罗杰斯在其基础之上又创建了更为合理的 ADP 三维构架模式。

（二）ADP 三维构架模式

理查兹和罗杰斯提出了自己的英语教学方法结构 ADP 三维模式，这是在安东尼的 AMT 三级构架模式的基础上提出来的。这个 ADP 三维模式认为，一个完整的英语教学方法应当具有教学理论原则、教学设计与教学步骤三种描述。教学理论设计指有关语言和语言学习的基本理论，包括对语言本质特征的描述；教学设计主要对教学形式、教学内容、教学顺序、教学活动等进行分析和确定，具体包括对教学目标、教学大纲、学生任务、课堂活动、教师作用、教材功能等的描述，是教学方法的核心；教学步骤是教学方法的实施过程，包括课堂技巧、课堂行为、互动模式、时间分配、空间布局、教学设备的使用等，在课堂中实际进行和完成的事情都是教学步骤的一部分。

这三种模式之间既存在着差异，又有着紧密的联系。一种教学方法，在组织上依靠教学设计，在理论上与教学理论原则息息相关，在实践上依靠教学步骤来完成。

ADP 模式在形态上略胜安东尼的 AMT 结构一筹，更趋完美，基本理论（Approach）、设计（Design）、程序（Procedure）三维构成了教学方法的完整架构，这三部分既相互独立又相互依存。在内容上，ADP 模式不仅把语言学习理论、语言、教学技巧全部纳入体系中来，而且还对体系的核心内容进行了具体的分类。这样就使得模式更加充实和丰富，更加趋于完善。

然而，教学方法的应用是教学实践。教学方法本身不过是概念的组合，并不是教学实践。ADP 模式只把教学步骤当作实践，而将教学设计仅仅停留在理论的表面上，这就使得教学步骤与教学设计分裂开来，两者得不到融合，甚至导致重复出现教学设计和步骤中的一些内容。因而，这种把教学方法的课堂应用并入教学方法体系中来的做法，其本身就存在一些不合理的地方，是很难令人信服的。

（三）五层框架结构

王才仁在综合前人的教学方法构架的基础上提出了五层框架结构，它明确了五层框架结构之间各自的定义及相互关系。通过有效的教学策略这一层把与整个方法论相关的概念体系分成两部分，这是五层框架结构的精髓所在，具体为：科学范畴的理论部分包括 Methodology 和 Approach，这两部分属于教学基础理论原则，而艺术范畴的实践部分则包括 Method 和 Technique。Strategy 运用理论联系实践的方法，使五层框架结构有机地联系在一个完整的框架中，形成了一个新的有关英语教学方法论的说明体系。这一模式的形成，不仅对中国英语教学方法的研究理论起到了促进作用，而且积累了中国英语教学的理念性财富。

这个新的框架具有很多优势,但它把教学策略定位于教学方法之上，极易引起人们理解的错误和使用上的混淆，而且该模式把教学的方法局限于课堂之上，对方法和教学的整体性一致也会产生不利影响。

第二节　大学英语教学的策略

一、英语教学策略的概念

英语教学策略分别包括教英语的策略和学英语的策略，但是"教"的策略是要以"学"的策略为出发点的。因此，我们首先探讨以下英语学习策略的含义。该术语在中英文文献中出现的频率很高，foreign language learning strategies；learning strategies in foreign language learning；learning strategies in second language acquisition；learner strategies in language learning 等。必须指出的是，我们关注的重心是学生学习英语的策略，而不是一般的学习策略，以上的这些术语不能把语言学习策略和一般学习策略区分开来。

英语学习策略是学习者为达到更好的英语学习效果而采用的不同策略，它主要包括学习者为完成学习任务或活动而采取的微观策略，学习者对自身学习进行计划、控制与评价而采取的宏观策略。下面列举了几种外国具有代表意义的关于语言学习策略的定义。

斯特恩认为学习策略是语言学习者采用的学习路径总倾向或总体特征，而学习技巧是能观察到的学习行为的具体形式。

温斯坦和梅耶认为学习策略是学习者在学习过程中为了促进其信息处理过程而采取的行为或形成的思想。

查莱特认为学习策略是学习者为了优化学习过程、加强语言知识和信息知识的记忆而采取的技巧或其他有意识的行为。

鲁宾认为学习策略是由学习者设计的策略，这种策略直接影响学习过程，其目的是促进学习者语言系统的发展。

奥克斯福德认为语言学习策略是学习者为了在学习上能更有目的、更成功而采取的行为或行动。

可见，我们很难找出一个大家都可以接受的定义，只能通过描述学习策略的特征和总结学习策略的内容来从整体上理解学习策略的具体含义。具体来说，我们认为应该从三个方面来把握学习策略。

第一，学习者策略是学习者采取的语言学习行为，目的是学习或调控第二语言。采取的这些行为有的是可以观察到的，有的则是外界观察不到的，但学习者是能够描述外界观察的隐性行为。

第二，学习者策略包括学习者明白自己的策略使用情况，也就是策略意识。如根据实际情况采取不同的策略、哪些策略更加有效等。

第三，学习者策略是学习者要遵循的原则、语言学习的重难点等语言学习本身的认识，因此，学习策略既是学习行为，也是一种意识；它既包括总的特征和发展趋势，也包括具体的方法、措施、手段和技巧。总的特征对学习有间接的影响，而具体计划则对学习有直接影响。对学习者策略的了解，并参与学习策略的研究，体现了英语教学领域对教学体系的反思和教育目标的深层思考。教育目标不仅仅是学生学什么，更重要的是如何学。学校培养的不应该是考试的"巨人"，实际生活中的"矮子"，而应该是善于独立思考、富于创新意识和能力的学习者。因此，对学习者策略研究主要有三方面的意义。首先，可以大面积地改进学生的学习方法，提高学习效果和质量，减轻学习负担；其次，促进学习潜能和智力发育较慢的学习者的学习，减少他们的学习困难；最后，促进教师的教学，教师通过理解学生的学习策略，调节自己的教学策略和教学方法，从而提高教学的效果。

二、英语教学策略的运用

（一）实验的一般教学策略

实验对学习策略的探讨是基于这样的认识：教师的"教"要以学生的"学"为出发点。如果不对学生的学习策略有所认识，教师的教学行为就容易导致盲目性。何谓教学策略？袁振国在主编的《当代教育学》[①]中认为：教学策略，是指在教学目标确定以后，根据一定的教学任务和学生的特征，有针对性地选择与组织相关的教学内容、教学组织形式、教学方法和技术、形成的具有效率意义的特定教学方案。教学策略具有综合性、可操作性和灵活性等基本特征，它包括如何选择和组织各种教学材料和教学方法、如何运用各种教学设备和手段、如何确定师生之间的行为程序等。教学策略是以提高教学效率为目的的。教学策略又可以分为普遍性策略和具体策略。普遍性教学策略指适用于听、说、读、写和翻译等各类课型的教学策略。教师传道、授业和解惑的主要场所是课堂，要进行有效的课堂教学，离不开教师对课堂教学的精心组织和合理安排，以确保课堂教学顺利进行；教师在课堂上通过开放性、发散性、理解性等系列问题来检查学生的复习情况和课堂上对新知识的接受情况；学生在学习过程中出现问题的时候，教师要采用各种方式鼓励和引导启发学生，激发他们的学习热情，使他们积极参加课堂活动，增强自信心；最终要对学生学习中存在的问题、任务的完成情况、目标的达成度和策略的使用情况等作出评估。因此，普遍性教学策略应该包括：组织策略、提问策略、激励策略和评估策略等。具体性教学策略是指用于培养学生

---

① 袁振国. 当代教育学［M］. 北京：教育科学出版社，1998.

听、说、读、写和翻译等能力的各种教学行为所使用的策略。贯穿于所有课型的一般教学策略包括：组织策略、激励策略、提问策略和评价策略。

1. 组织策略

要想成功地完成教学任务，那必然少不了课堂组织。离开了教师对课堂活动的有效组织，教学就不可能在有序的状况下正常地进行。掌握必要的课堂组织的技能和方法去安排课堂活动，处理课堂问题，这一系列教学行为的手段构成了课堂教学中的组织策略。它涉及教师的角色、课堂活动的组织和控制、教学模式和方法的选择等。

2. 激励策略

动机成功的关键是激励策略，同时激励策略也是直接推动学习的一种内部动机，主要包括学习意向的选择、学习者积极参与、兴趣的保持和能力的持久等。激发学生的热情，学生积极参加课堂活动是有效教学的保证。激励策略就是激发学生学习兴趣，保持学生参与学习活动的方式方法。激励的方法很多，包括教师的榜样、奖励和惩罚等。

3. 提问策略

提问策略是一种常见的课堂互动活动。问题的提出、教师对学生回答的判断及对回答过程的掌控是提问是否成功的关键。

有关问题的分类有很多，如开放性问题和封闭性问题；浅层问题和深层问题；聚合问题和发散问题；信息问题、理解问题与评价问题；陈述性问题和推理问题等。这些问题在所要求的认知水平和英语语言能力、问题的复杂性、等待时间和不同的反馈方法方面都有所不同，所有这些因素都以不同的方式影响着教学质量。要想使得提问是有效的，就需要十分重视提问策略。提问策略可分为问题设计策略、计划策略、控制策略、评估策略。

问题设计策略指帮助、教授有效发问的方式和技巧，包括如何对问题进行简化、调节、追问、激发思维和增加挑战性等，使问题清楚易懂，符合学生的特点，有利于学生的思维培养。

计划策略用于指导教师在备课时准备问题，使教师明确提问题的目的、内容和组织，并预测和准备适当的解决方案，以应对学生在回答问题时可能遇到的问题。

控制策略是保证提问过程顺利进行的方法技巧，常见的有：排序、等待、提问、指向、全方位注意、提问不主动学生的诱导等。

评估策略是教师用来衡量学生回答的方法，通常是表扬、引用、身体语言、鼓励等。课堂评估是监测教学和学习的有效策略。它通过监测学生的学习情况，来提高课堂教学的有效性。评估采用目标参照的方式，对学生的表现进行不记名评定，目的是通过课堂评估组织学生对任务完成情况、学习中存在的问题、策略的使用等进行反思，这使他们能够有效地调整学习方式和改进学习计划，同时教师也能从学生的评估中得到反馈，从而根据反馈内容及时改进教学计划，提高课堂教学质量。课堂评估是课堂教学不可或缺的一部分，应该纳入正常的课堂教学中。评估以学生自评为主，教师指导为辅，将评估与听说读写的教学相结合。评估策略的作用很大程度上与课堂教学的内容有关，与学生的具体情况有关。

（二）实验策略开发

在进行实验策略的开发时，要先区分清楚教学目标和学习目标之间存在的差异，积极鼓励学习者提出自己的目标，要因人而异，对不同的学习者提出不同的目标。原有的教学设计往往以所有的学习者完成相同的目标为主，而媒体学习环境能够适应各种不同的学习目标。首先，要重视内容与方法之间的相互依赖。教学内容如概念、规则、事实等必须采用一定的方法，使其能相互结合、配合。在学习上不能只学表层或粗泛的学习，要会抓住材料的重点，进而开展更深层次的学习；其次，要充分利用各种机会，及时对学习者进行监控与指导，将培养学习者学会如何学习作为教学的学习目标，充分利用教育机制把握教育时机以取得最佳教育效果，倡导创造互助合作式的、有意义的学习环境，提出与学生现实生活密切相关的问题；最后，要将注意力放在学习环境的设计上，而不是教学策略选择上。

（1）加强学生的学习责任感：允许学生自己选择想要学习的内容，让学生自己管理自己的学习活动，要让学生在学习时能做到互相帮助，创设一种良好的学习氛围，帮助并指导学生发展元认知意识。

（2）让学习更加有意义：将现有的知识进行最大程度的利用和发挥，在现实情境中使教学有固着点，使内容学习更加多元化。

（3）积极促进知识建构：在参与活动的基础上，促进高层次思维的发展，鼓励学生以不同的观点进行问题分析，鼓励学生以多种方式解决问题，提供学生呈现学习过程与结果的机制。

（三）具体教学策略

具体用来培养学生听、说、读、写能力的教学行为称作具体教学策略，下面就将分别介绍一些关于听说读写技能的具体的教学策略。

1. 听、说教学策略

听、说教学策略指有助于培养学生听说能力的课堂操作模式和技巧。听、说、读、写是英语教学中需要培养的学生基本能力，之所以是以从听到说到读到写这样一个顺序排列，是有科学理论根据的。任何一门语言的掌握，如果背离这个原则，学习效果都不会理想。因此，英语教学实验给予儿童听、说能力的培养以优先权，提出"听、说领先，读、写跟上"的教学原则，可见，听、说教学在实验中的重要性。听、说教学有哪些教学策略？根据实验的教学原则，实验指出，应该遵循听力教学自身的规律，掌握以下教学策略[①]。

（1）建立听的训练体系，扩大听的输入渠道。在美国语文教学中，教师提倡在教室中划出一处利于开展活动的角落，称为语文中心，几乎每位学生都可以在活动中心学习并逐步增强语文能力。在活动中心，学生们练习、复习或者扩展各种技巧。一般语文教师喜欢在活动中展开游戏教学，他们称之为游戏百科，每个游戏百科的部分都设计有五个活动中心，每个活动中心的指导步骤都包括写给学生看的相关活动的咨询，而且这些指导步骤以图示方式贴在活动中心的展示板上。活动中心的优点是有效地利用学习时间以培养口语和听力能力。因此，对儿童倾听能力和习惯的培养是实验早期的重要目标之一。

（2）大信息量的、以理解内容为目的的语言输入是决定儿童早期语言学习成功的关键。在听力教学中尤其要注意语言信息量是否满足了儿童求知欲和语言认知的需要。

（3）情境教学，视听结合。实验强调，儿童听力的培养应该借助实物、动作、图画等直观手段，创设情景，帮助儿童获得图像式背景知识，有利于提高其理解力和强化刺激以加深记忆，同时也重视无视觉辅助的听力能力训练。视觉手段的使用对初学者的听力极其有帮助，应该多采用视频材料，少一些音频材料。必须指出，所谓视听结合，不可理解为

---

① 吴思强. 英语听说教学策略［J］. 山东外语教学，1993（4）：69-71.

一边看文字材料，一边听内容。这种方法只有在形式操练中有一定的效果，但对听力能力的培养收效甚微，不宜采纳。

（4）激发学生参与听说的动机。任何活动的开展都离不开动机，制造实际的交际需要是刺激学生动机的方法。

（5）听的具体教学策略有以下三种。

第一，呈现阶段的听：在我们的课堂教学中，有相当一部分课的呈现是以口头进行的，这意味着学生从听入手学习。在这一阶段的教学中，要注意几方面：合上书本，静听口述，创设情景，使呈现的内容内化、交际化；以旧引新，扩大信息输入量，增加听的机会。

第二，练习阶段的听：这一阶段要重视听的准确性，为尝试性的语言输出做准备。从听到回答相关问题、听后做动作或表演等。

第三，输出阶段的听：这一阶段要求学生对内容的意义有全面的了解，并且将它们内化成实际的语言使用能力。这一阶段的特征是材料的控制性减少，交际的内容增多，听的回答和说的回答密切联系，常见于角色扮演、问题讨论等形式之中。

2. 说的教学要领

通过对说的一般特点、交际本质和心理语言过程的分析，我们可更加明确说明教学的主要目的是培养学习者连贯流畅地表达自己的想法和进行口头交流的能力，我们还能从科学的角度确定和发展言语教学的方法和手段。

（1）重视知识的学习接收，在听的基础上发展说的能力。要想培养好说的能力，应该在听的基础上进行，只有这样学生才能在语言环境中，逐渐明白规则，才能扩充自身的词汇量，从而提高英语的口头表达能力。

（2）从内容入手，组织交际活动。通过训练，让学生做到有话能说，并善于表达、愿意表达。从内容入手，组织交际活动，需要向生活取材，为学生创造说的机会，激发学生说话的动机。教师利用生活的内容和需要组织交际活动，可以最有效地促进学生口语能力的发展。开展以内容为中心的练习要求教师选好话题，以便把学生的注意力吸引到内容表达上来。努力创设说的生活情境，激发学生主动表达的兴趣，"练""演"结合，为从练习到使用创造切实的过渡。

（3）正确处理准确与流畅的关系。正确处理错误包括正确认识和纠正错误两方面的内容。一方面，教师要带头多说外语，要鼓励学生大胆开口，并积极反馈，谨慎纠错，使学生明白错误在所难免，越怕错越容易错的道理，消除心理障碍，让学生乐于开口；另一方面，教师要正确对待学生在表达中发生的错误。外语学习的目标是成功交际，而不是完美交际。因此，对待学生的错误时，首先要弄清楚学生为什么会犯这样的错误，这些错误有哪些特点？应该怎样克服？要分清楚错误的轻重缓急、经常性错误和偶发性错误等。不同的错误要用不同的方式对待，纠正错误不能以挫伤学生的积极性、打断交际活动为代价，不要过分注重学生的错误而忽视学生的正确表达。

3. 阅读教学策略

近些年来由于有些学生对英语阅读的重要性重视不够，其不具备自主学习的能力，对学习策略知之甚少，因此，学习者进行思想准备是非常必要的。首先，要改变英语阅读教学中重讲轻读，重知识教学轻能力培养的现象，让学生真正成为课堂阅读的主人。

阅读是一个复杂的过程，包括词的解码、对词的追踪理解、对词的意义建构、从单个词汇到句子和段落篇章的整体理解等。对学生英语阅读能力的培养，就是要求他们获得以下几方面能力。

第一，对原文字面理解的同时，明白原文中所使用的词、词组、段落在特定的上下文中的含义。

第二，以原文为依据，对作者字里行间暗示的意义进行推断的能力。

第三，以读者的知识为依据对阅读材料进行推断性理解的能力，利用自己知识和所学的内容积极建构自己知识体系的能力。

因此，影响学生阅读能力的重要因素有：学生的个人经历；学生的目的语基础能力；学生对社会、文化、政治、经济、历史的基础知识等。因此，我们在英语阅读教学的过程中必须对阅读能力有正确的认识，对学生的阅读基础有真正的了解，并在教学中充分重视这些要素的存在和所起的作用。那么，具体来讲，如何在英语教学中运用阅读教学的规律，培养学生的阅读能力？

（1）阅读教学目标化，主动合作。在阅读前要有明确的教学目标，使教学目标在课堂中内化为学生的主体活动，并依据教学目标适当地调整教学条件和教学进程，让教学过程能体现出因材施教、知识与能力并重、合作教学的特点，将学生的主体作用和教师的主导作用充分发挥出来。

（2）重视目标准备活动，积极排除学生阅读过程中可能产生的障碍，放松学生的阅读心理。

（3）教学程序目标内化。课堂的基本程序是：定向引路→初读研讨→基本尝试练习→挑疑变式练习→重读解疑→小结强化。定向引路就是教师在教学目标的基础上，以自学提纲、谈话为手段，为学生在阅读教材和思考问题上提出建议，指出自学方向；在学生阅读教材时，可以模糊地指明重难点，激发学生在接下来的阅读中的兴趣和积极性，根据知识的新旧联系和内在联系，找到需要进行重点学习消化的内容，同时还要提出在自学过程中需要注意的问题。

4. 写作教学策略

写作在思想情感交流上是最有效的"语言"，这也是一个连续的过程。写作的客体不是一人一事一物，而是宇宙的万事万物。大至天文地理、人文历史，小至一草一木，无一不是写作所要反映的客观事物。写作者的语言知识越丰富，写作时就越顺利。因此，要能挥洒自如、下笔成章，词汇学、修辞学、语法学、语言学、一般写作原理、各种写作技巧等，所有这一切写作者都不能不学。写作有复杂的技能，写作能力的构成不是单一的，而是各种能力的综合体，这种能力的综合体包括智能与技能。智能是思维能力和心理活动能力，技能是能熟练运用各种技巧的能力。因此，在写作过程中，需要作者调动各方面的知识储备，如思维能力、语言知识、生活积累、写作技巧等。写作技能常常被认为是英语教学听、说、读、写四项技能中最难培养和训练的。可以说，它是语言能力形成的更高阶段，但是，它又是基本的语言活动之一，是通过文字表达思想，进行交际的活动。因此，写作不仅是英语教学的手段，也是英语教学的目的。英语教学实验给予写作教学高度的重视，而且，写出来的文字必须符合语言规范、逻辑性强、条理清楚等标准。

第三节　大学英语教学的课堂实践

一、大学英语语法教学的课堂实践

（一）语境教学策略的应用

运用语境法教授语法是指结合具体的语境对语法知识加以阐释，这种教学策略于无形中解决了传统语法教学中对外在语言环境的忽视。例如，可以在模拟的情景中扮演角色，在角色扮演中巧妙地创设语言情景来设计语法教学。这样不仅能克服非母语教学的缺陷，而且还利于激发学生对于语法学习动力和兴趣，提升教学活动的效果。下面将结合创立语境通过介词的语法教学实例对这种语法教学方法加以分析。

步骤一：教师引导学生想象搬新家后的情景，情景中涉及的情境包括自己的房间如何设计及家具如何摆放。两人一组讨论，限时10 分钟。

步骤二：教师播放一个内容涉及两个人决定如何在起居室摆放自家家具的对话录音，对话中涉及大量介词的使用，并让学生画出所有家具的位置。

步骤三：引导学生阅读材料，将所有介词标示。

（二）活动教学策略的应用

众所周知，语言规律的"教"与"学"是枯燥乏味的，因此，教师在教学过程中要设计一些新奇并充满乐趣的教学活动，寓教于乐，这样不仅能使学生进行语法学习时有积极性，还能提高学习效果。下面是较为常见的活动教学策略。

1. 爱好选择

在这一活动中，提问者可以随意地提问爱好选择的问题，回答者也可以根据自己的爱好回答问题，这是一种自由且个性化的语法练习方式。在这个爱好选择活动中，参与者只需要进行提问与回答，整体过程比较简单易进行，经常在比较级和最高级的讲授中使用。下面进行举例。

S1：What about the final examination in your chorus？

S2：Well，Gloria sings best all along.

S3：Which do you prefer，eating at home or outside？

S4：I enjoy eating at home.

2. 找主人

"找主人"常用于名词性物主代词与形容词性物主代词的教学，其具体操作步骤如下所示。

教师准备一个盒子，教师请每位学生将自己的一件物品放入盒中，教师为学生进行活动的示范。如下所示。

Teacher：Now，look，what's this？

Students：A ruler.

Teacher：Yes，this is a ruler，But whose is it？John，is it yours？

John：No，it is not mine，I think it is Jane's.

Teacher：Is it yours，Jane？

Jane：Yes，it is mine.

Teacher：Here you are.

Jane：Thank you，Ms. He.

教师组织学生轮流为盒子里的物品找主人。需要注意的是，要让学生都有参与的机会，因此，教师在进行安排时，可以让每位学生负责找一件物品的主人。除此之外，教师要及时并恰当地对学生进行鼓励与肯定，进而提高学生的练习积极性。

（三）归纳教学策略的应用

行为主义认为英语学习就是通过类比推理进行学习的，因此，要十分注重归纳教学策略。具体地说，归纳教学策略主要有三个步骤：观察-分析和比较-归纳或概括，换句话说，教师首先要介绍包含将要学习的语法规则的语言材料，使学生对将要学习的内容有简单的了解。然后，教师和学生一起分析实例，让学生归纳出语法规则，教师在一旁及时进行引导与纠正，最后让学生进行大量的练习。

下面是一则采用归纳策略教授虚拟语气的实例。教师为学生播放 Jack Johnson 的歌曲，同时引导学生跟唱，教师为学生展示下面这段短文。

If I were a boy again，I would practice perseverance more often，and never give up a thing because he was difficult or inconvenient.

If I were a boy again，I would schcool myself into a habit of attention；I would let nothing come between me and the subject in hand，I would remember that a good skater never tries to skate in two directions at once.

If I were to live my life over again，I would pay more attention to the cultivation of the memory.

教师为学生同时展示歌词与短文。

教师组织学生进行小组讨论，发现并归纳出虚拟语气的句子结构及句子中的动词形式。

教师组织学生以结对子的形式做句型练习，例如：If I were you，I would/I wish I could do.

教师组织学生以四个人为一组的形式展开讨论，讨论主题如下。

A：If you were the English teacher of our class，what would you teach your students？

B：If you were the head teacher of our class，what would you do for your class and what changes would you make first？

教师请各小组派出代表轮流向全班同学汇报讨论结果，教师针对小组代表的报告进行点评与总结。

在这个教学活动中，教师可以先通过歌曲和短文导入虚拟语气的内容，然后让学生在轻松愉快的环境中自己发现和归纳语法规则。为加深学生对虚拟语气结构的理解，教师接着以小组的形式组织一系列的教学活动并为学生提供实际操练的机会，使学生在享受学习过程的同时积累经验，并在完成任务时感到有成就感。

可见，归纳教学策略符合语言习得的自然规律，属于观察发现型教学活动，能有效克服"填鸭式"教学的弊端，有助于提高学生的逻辑思维能力，如发现问题、解决问题、归纳与类比等；同时，学生还能通过分析、总结、推断语言的规律性来加深对语法的理解。归纳教学策略有优点也有缺点，缺点是过程比较复杂，需要消耗大量的时间与人力、物力、财力。

（四）演绎教学策略的应用

归纳教学策略是指从具体的语言材料中推导出语法规则，这是一个从特殊到一般的过程。而演绎教学策略是先给出语法规则，然后根据这一语法规则开展后续的练习，这是一个从一般到特殊的过程。

演绎教学策略在语法教学过程中也较为常见，更具体地说，通常是教师先解释一个语法现象或规则，使学生对其有简单的认识与了解，然后用例子解释该规则的使用方法和作用，最后根据该规则给出练习。演绎式教学方法通常有两种形式，下面介绍这两种形式。

1. 模仿造句

可以根据给出的例句进行模仿造句的练习，教师可以为学生提供一些短语或例句，具体如下。

Green lawn、lovely dog、clean house、pretty garden、Gloria

范例：Paul has the nicest house in the town.

那么学生可能输出下列句子：

Gloria has the greenest lawn in the town.

Gloria has the loveliest dog in the town.

Gloria has the cleanest house in the town.

Gloria has the prettiest garden in the town.

2. 变换结构

学生通过实践更加深入地体会与使用语法知识，教师还可以要求学生利用这些指示词将例句的语言结构转化为另一种类似的结构。

如使用给定的副词或副词短语，根据不同时态下动词的变化规则重新表述句子。

Students have math and chemistry today（tomorrow，English and music）.

NOW Tom works in Nanjing（ten years ago，Beijing）.

Lily usually has breakfast at seven（this morning，nine）.

可能输出下列句子：

Students will have English and music tomorrow.

Ten years ago，Tom worked in Beijing.

This morning Lily had breakfast at nine.

演绎教学策略一般适用于学生难以依靠自己总结规则的语法项目的教学，这不仅更容易、更快捷、更有效，而且可以增加学习者的信心和动力。然而，演绎教学策略需要花费大量的时间和精力来解释和练习语法规则，练习的方式也比较单一枯燥，剥夺了学生自己观察、分析、发现和解决语法问题的过程和机会。

二、大学英语听力教学的课堂实践

英语能力的提高需要师生共同努力，教师需要根据教学实际进行科学教学，同时学生也需要进行勤奋的练习。听力能力的提高需要学生进行主观性的努力，因此教师可以在课堂教学过程中增加学生练习的机会。

（一）培养听细节的能力

由于听力的目的不同，对于听力材料内容理解的重点也会有所差异。听力学习不仅要求学生理解文章大意，还要能够把握文章的重要细节，如时间、地点、人物、事件等。因此，在听力教学中，教师还应设计一些细节题，考查学生抓取细节信息的能力。

（二）培养听大意的能力

在听力学习中，学生很容易有这样一个错误的认识，即要听清每一个单词，弄清楚每一句话。这就导致学生常常因为纠结于一个生词而错过了后面大量的信息，最终既没有抓住要点，也无法全面理解文章含义。事实上，要听准每个单词、理解每句话的含义是不太可能的，也是没有必要的。大部分时候，学生只要能够理解文章大意，掌握几个关键点即可。要达到这一点，教师应让学生将注意力在文章大意上，注意培养他们快速获取文章主旨的能力。

（三）培养预测能力

预测是一项重要的认知策略，也是听力学习乃至整个英语学习的重要能力。在听的活动开始之前，教师利用标题、图片等来激活学生的图式，使学生对要听的内容作出预测。

需要注意的是，上述所列的教学策略需要教师根据具体的教学实际、学生特点等因素进行适当处理，从而真正将教学策略应用到现实教学中。

三、大学英语口语教学的课堂实践

（一）任务型教学法的应用

任务型教学法在大学英语口语教学中的操作可分为四个步骤：呈现任务、实施任务、汇报任务、评价任务。下面分别予以介绍。

1. 呈现任务

本阶段的主要任务是帮助学生进行语言和知识上的准备工作。呈现任务时，教师可根据学生的生活和学习经验的实际情况，创设一种符合学生生活或学习的相似情境，从而激发学生的学习兴趣。另外，教师还要为学生提供与话题有关的环境及思维的方向，以加强新旧知识之间的连接，使学生在巩固旧知识的同时，也掌握了新知识。需要注意的是，呈现任务时要遵循先输入、后输出的原则。

2. 实施任务

实施任务在整个教学过程中是极为重要的一个阶段。学生在接到任务以后可以采取多种方式实施任务，如小组自由组合的方式、结对子的方式。小组自由组合或结对子的方式不仅可以为每个学生的口语表达提供练习机会，还有助于培养学生合作互助的意识，增进学习的效果。此外，实施任务时，也可以通过由教师设计多个小任务构成任务链的方式进行。本阶段中，教师的主要任务是监督和指导学生的活动，保证活动顺利有效的开展。

3. 汇报任务

学生完成任务以后，教师可要求各小组派代表或者小组内部推选代表向全班汇报任务成果。当学生汇报任务时，教师应注意不要打断学生，在学生需要帮助的时候适当给予指导，尽量使学生的汇报自然、流畅、准确。

4. 评价任务

在任务汇报结束后，教师和同学们一起对任务进行评价，分别指出各个小组的优点和不足。评价时应注意对学生的活动情况尽量持肯定态度，以鼓励、表扬为主，增强学生的成就感，从而提高学生的自信心。当然，如果学生在表达中出现比较严重的、影响交际的问题时，教师也应及时指出和纠正。

总的来说，在大学英语口语教学中采用任务型教学法可以大大调动学生的积极性，增强学生的合作竞争意识，提高学生的口语水平，适应教学改革的要求。

下面是任务型教学法在大学英语口语教学中运用的一个实例，供参考。

教学任务：讨论话题"现在的生活是否比几十年前更好"。

教学目的：通过呈现任务、实施任务、汇报任务、评价任务四个教学环节将生活中的问题引入课堂，培养学生用英语分析问题、解决问题的能力，同时使学生学会运用形容词与副词的比较进行表达。

教学形式：6人小组。

教学流程：呈现任务环节主要包括以下几个步骤。

首先，教学正式开始之前，教师可要求学生展示预习成果：通过向家长咨询的或是通过网络等资源查找到的有关过去生活状况的信息。如下。

They are poor.

They can't go to school.

There isn't enough food to eat，so they are often hungry.

其次，教师可利用多媒体向学生展示一组现代生活的图片，并要求学生用英语表达对现代生活的看法。在学生进行讨论、发表观点之前，教师可预先介绍将会用到的词汇与句子。

再次，教师介绍所谈话题背景，并引出要讨论的核心话题——现在的生活是否比几十年前更好，此话题的讨论内容应包含以下几个方面。

Work：We work harder than before.

Transport：Faster but more dangerous.

Medicine：We know more about medicine today.

Personal health：People are healthier today and live longer.

实施与汇报环节主要包括以下几项任务。

分组讨论：教师可将学生分成小组，每组由正反两方构成，双方分别举例说明不同的观点，最后总结陈词，在组内汇报讨论结果。

对话练习：根据前面的讨论，每组学生可组织编写出一个辩论式对话，尽可能多地使用教师之前给出的短语、句型及比较级，并派两到三组同学进行对话表演，汇报成果。

学生完成任务后，教师应对任务的完成情况予以及时反馈，反馈的内容应包含以下几个方面。

（1）对学生的观点进行总结、评价；对不同组的表现进行评价；指出各组的优点和不足；指出学生在完成任务中经常犯的错误，并予以纠正。

（2）引导学生珍惜现在的幸福生活，好好学习。

教师可布置短文写作，写作主题应和本话题有关，并要求学生尽量使用比较级句型完成。

本次口语教学采用了任务型教学法，以学生为中心，以学生完成任务为目标，以小组合作学习为主要学习形式，有效激发了学生学习英语的积极性，通过呈现任务、实施与汇报任务、评价任务三个教学环节完成本次口语教学活动。以"现在的生活是否比几十年前更好"为话题，通过小组合作的形式组织口语练习活动，为学生留出了极大的语言使用空间和自由，在刺激学生表达欲望的同时，还通过互相帮助提高了学习的效率。学生在完成任务、展示讨论成果中获得了满足感和成就感，而话题中的对比主题也提升了学生分析、对比、辩论的能力，提高了学生用英语分析和解决问题的综合能力。

（二）情境教学法的应用

情境教学法是指在教学过程中，教师有目的地引入或创造具有一定情感色彩的生动具体的场景，要注意是以形象为主体，目的就是唤起学生的态度体验，从而帮助他们更好地理解教材，发展其认知功能的教学方法。

情境教学法的形式有很多种，如配音、角色扮演、课内游戏、诗歌朗诵、音乐欣赏、旅游观光等。其中，最常用的是角色扮演和配音。下面就重点介绍这两种教学形式。

1. 角色扮演

角色扮演是情境教学法最为主要的教学手段。与机械、单调重复的口语练习不同，角色扮演让学生接触到不同的社会交际场景，让他们以不同的社会身份来进行交际练习，这不仅激发了学生的学习兴趣，还为交流的有效进行打下了基础。具体而言，教师可以让学生自己进行角色分工，在排练过程中教师可以适时给予指导，当学生排练结束后，让学生进行表演。表演完毕后，教师可先引导学生就语言运用、表演技巧等方面发表自己的观点与看法，最后教师对学生的表演作出评价。

2. 配音

这一教学形式操作比较容易，具体实施过程包括四个环节：第一，教师节选一部电影片段，先将原声对白播放一遍；第二，教师讲解其中的语言难点；第三，教师安排学生重新听两遍原声，同时要求学生尽可能会背诵；第四，教师将电影调至无声状态，并让学生模仿电影中的角色，为电影配音。利用这种方式进行口语教学，不仅激发了学生的学习动机，缓解了学生说英语时的焦虑感，提高了学生的自信，而且能使学生学到地道的英语口语，并掌握针对不同情境变换语音语调的技巧。

总之，在大学英语口语课堂上，教师应尽可能为学生营造出各种真实的语言情境，使语言与情境紧密结合，从而使得抽象的语言教学形象化、具体化、情境化。这不仅能激发学生学习的积极性，还能提升学生运用英语进行交流的能力。需要注意的是，教师在为学生创设情境时，一方面要保证情境主题的真实性，另一方面还应确保所选择的情境与教学目标保持一致。

四、大学英语阅读教学的课堂实践

（一）教授阅读策略的应用

掌握一定的阅读策略对学生的阅读大有帮助。因此，阅读教学中，教师应注意阅读策略的传授，不能一味沿用旧的教学方法，让学生按照自己的指挥来学习。概括来说，阅读中常用的策略主要有以下几种。

1. 略读

略读是一种快速阅读文章以获取文章大意的阅读方式。这种阅读方式要求读者双眼迅速扫读文章，同时注意选择一些重要的词语、句子来读，以获取主要信息，那些次要的信息和细节——不影响文章大意理解的词句、段落则可以直接略过。需要指出的是，略读过后，读者要能够确定文章结构和作者语气。

略读的作用主要在于快速抓住文章梗概、测试读者在只阅读部分句子的情况下对文章的掌握程度。根据略读的结果，读者可以进行针对性训练，从而提高阅读的效率。

2. 跳读

为了准确找到我们所需要的信息，就没有必要从头到尾逐字阅读，而是可以采取跳读的方式查找信息。跳读适合用在时间紧张、没有办法进行全篇阅读、同时又无法确定答案这一情况下，因为跳读的目的就是根据明确的信息找出答案。

3. 寻读

和略读、跳读一样，寻读也不需要对文章进行逐字逐句地阅读，而只需根据需要在文章中迅速搜寻所需内容，这种具有极强针对性的阅读技巧提高了阅读速度。在寻读过程中，学生可快速浏览全篇，忽略与题目要求不相关的信息，积极寻找和题目相关的内容。寻读技巧用于四、六级考试颇有成效。

4. 寻找主题句

文章是由段落组成的，因此对段落大意的理解是语篇理解的基础。理解段落大意的关键是寻找主题句，主题句是文章大意的概括，结构较为简单，一般位于段落的开头，有时也位于段落的结尾或中间，甚至隐含在段落里面，需要读者认真分析、理解。

5. 推理判断

推理判断的使用就是在文章字面信息中得不到想要的信息时运用的。推断判断的使用对学生的要求较高，因为学生必须从整体上理解文章，利用个别信息对文本进行逐层分析，最后准确推导出文本的中心思想。推理判断分为直接推理判断和间接推理判断。直接推理判断就是指在理解原文表层含义的基础上，结合所提供的信息推断文章的结论。间接推理判断是指挖掘文章的深层含义，从而将作者的态度和文章的主题进行推理。

6. 猜测词义

猜词策略要求读者根据上下文线索、逻辑顺序、故事发生的背景和语言结构等各方面的知识对某一个生词、关键词的词义进行理解。熟练掌握猜词策略对提高阅读速度与能力、增强英语阅读的兴趣和信心具有极大的促进作用。

具体来说，猜词策略主要有以下几种。

（1）根据定义猜测词义。为了便于读者理解，很多作者都会对文章中论文的概念作进一步的解释和说明，而且常会使用一些标志性短语，例如：which means、in other words、namely、refer to 等，据此就可以猜测词义。

（2）利用同义词和反义词猜测词义。在介绍或说明某个概念时，文章作者常会采用与其相同或相反的词来重复说明，根据这些同义词和反义词就可以猜测词义。

（3）根据上下文猜测词义。有时，生词所在的上下文会为其语义提供指引，学生可利用生词所处的语言环境来猜测词义。

（4）利用构词法猜测词义。英语构词法知识，如词根、词缀、混成法、截短法等是词义猜测的一个重要且科学的方法。

（二）合作阅读教学的应用

合作阅读教学法是通过小组合作的方式让学生互相帮助，在交流讨论中深化对文章的理解，并掌握一定的阅读策略。这种教学方法适用于大部分课堂，在学生阅读水平参差不齐的班级中效果尤其显著。通过合作阅读教学，学生的词汇量、阅读能力及合作意识都会得到极大的提升。

具体来说，合作阅读法的操作步骤如下。

1. 读前准备

合作阅读开始之前首先应作好读前准备，其目的在于激活学生头脑中的相关图式。读前准备主要包括几项内容：对文章主题进行预测；激活与文章相关的背景知识；短时间内了解与文章相关的信息。

做好读前准备对激发学生兴趣、促进阅读理解有很大的帮助。为实现这一点，教师要从两个方面着手：鼓励学生在脑海中搜寻尽可能多的背景知识，并让他们将之全部输出，汇总报告给全班同学；鼓励学生预测文章内容。

2. 细节阅读

这一环节中，学生开始阅读文章，了解文章细节，并发现哪些内容能够理解，哪些不能理解，从而对自己的阅读进程、理解程度有一个清晰的认识和掌控。当遇到难以理解的内容时，学生可以通过以下几种方式来解决。

（1）利用构词法知识猜测词义。英语中很多词语遵循着英语构词方法，掌握这些方法对理解生词有很大帮助。

（2）利用上下文语境猜测词义。这是因为词汇只有在交际语境中才具有准确而具体的意义。

（3）利用关键词、连接词理解词义。

3. 大意理解

阅读结束后，学生首先应该对所读文章大意有一个整体的了解。具体来说，此时学生应该掌握两个要求：找出文章六要素，即时间、地点、人物、起因、经过、结果；能够用自己的语言重述材料内容，注意包括以上六要素。

在这一阶段，教师可先提出一些问题，让学生带着问题去阅读。阅读结束后可将学生分成人数相同的若干小组进行讨论，交流观点后归纳总结出答案。最后教师可抽查每个小组讨论的情况，请某个或者每个小组陈述观点，其他小组成员可发表评论意见，充分发挥交际之于语言学习的积极作用。

4. 巩固理解

巩固理解环节主要是加深学生对材料的理解，同时扩展学生的知识面。在本环节中，教师可让学生根据阅读材料提出问题。由于学生长期以来都处于被问的位置，可能不擅长提问，所提的问题也有可能偏离重点。为避免这些情况的发生，促使学生提出实际有用的问题，教师可先提出几个问题为学生做示范，使学生明白各类问题的提问方法和问题与材料之间的关系，如下。

What might have prevented from happening?

What are the strengths of?

What are the weaknesses of?

How are and different?

What other solution can you think of for the problem of?

5. 合作学习

通过前面四个环节，学生应该已经十分了解阅读材料并熟练地掌握阅读的策略了，此时就可开展合作学习活动。教师可将学生分成 6 人小组，每个小组成员都要扮演一定的角色。角色分工如下。

（1）组长。组长负责为合作阅读的不同阶段设定任务，组织开展整体活动并确保活动顺利进行。

（2）问题专员。问题专员主要负责提示，在学生进行词义猜测时，需要问题专员用问题卡片提示操作步骤。

（3）激励员。激励员的责任是鼓励组员积极参加活动，对每个组员的参与活动程度进行评估，为小组进行下一步活动时提供建议。

（4）监控员。监控员的责任是监控组员的参与情况，保证每次只有一个人说话，避免七嘴八舌的讨论。

（5）发言人。发言人的责任是作为本组代表宣读讨论结果。

（6）计时员。计时员主要是控制合作阅读阶段中每个阶段的时间，提醒组员及时进入下一阶段的活动。

小组合作学习中，学生能够在轻松的心理状态下加强交流，进一步深化对文本的理解，锻炼学生听、说、读的综合语言技能，有助于辩证思维和创新意识的培养和发展。

通过上述环节，学生的阅读学习得以循序渐进的逐层开展。

五、大学英语写作教学的课堂实践

（一）选题构思方法的应用

构思贯穿于文章写作的始末，是写作的基础。选题构思常用的手段有自由写作式、五官启发式和思绪成串式等，下面分别来进行介绍。

1. 自由写作式

自由写作式构思方式是指在拿到题目以后，在大脑中开始进行思考，任凭思绪扩展，然后将头脑中的各类观点记录下来。记录完毕之后，再返回阅读所记录的内容，从中挑选有用的信息，将无用的信息删除。通过这种方式，思路不会受到任何限制，最终也就完全打开了。

2. 五官启发式

五官启发式主要是从看到的、听到的、闻到的、尝到的、触摸到的几个方面去思考，搜索与题目相关的一些材料，当然不一定要面面俱到。这种构思方式常常用在描写文中。如下。

视觉：He has a round smiling face. He walks slowly for he enjoys talking while walking.He likes to swing his pen in his hand when he has nothing to do with his hands in class. He often makes faces when he's happy. He does his homework quickly and often helps others and me with math problems.He likes to play ping pong with me.

听觉：He whistles a tune when he is alone，He can talk on and on about computer games.Whenever he understands something，he is always saying，"Oh，I know，I know."

嗅觉：I could smell his feet and sweat in summer，This shows he enjoys sports very much in a way.

触觉：When we play ping pong，I can feel his toughness and strength，he is quite good at it.

3. 思绪成串式

思绪成串式是指将主题写在纸中间一个圆圈里，想到与主题相关的关键词就写下来，画个圈。这样，很多与主题相关的想法自然而然地就被引了出来，思路在此过程中也逐步打开了。这种方式是开阔思路的一种有效方法。

（二）文章开篇方法的应用

文章通常包括三个部分，即开头、中间和结尾。一篇文章的开头部分是最先被读者看到的，如果开头写得精彩，就会给人留下深刻的印象，在考试中就容易取得高分。文章开篇的方法有多种，下面我们就介绍几种常见的。

1. 开门见山

开门见山指在文章的开始就提出看法，突出文章的主题，这种方法又称事实陈述法或现象陈述法。

2. 下定义

下定义这种方法是为了帮助读者理解，给出必要的解释说明。在科普文章中，定义法是必不可少的一种写作手法。

3. 描写导入

描写导入就是通过描写背景，然后逐步导入正文，描写的内容主要有人物描写、物体描写、场景描写等。

4. 以故事引入

文章开头以故事引入，这种方法能有效地激发读者的阅读兴趣。

5. 提问式导入

这种开篇方式也是为了吸引读者的注意力，以提问的方式统领全篇。

（三）段落展开方法的应用

1. 按时间展开

这种方法就是按文章事件发生的顺序来写，常用于记叙一件事情。

2. 按空间展开

这种段落展开方式常用于描述一个地方或景物，按照一定的空间方位顺序来描写。

3. 按过程展开

按过程展开就是按照事情发展的经过、顺序进行逐项说明，一般是按照事物发生的先后顺序来进行的。

（四）文章衔接方法的应用

好文章不仅内容完整，结构也要连贯，因为结构的紧凑连贯是决定文章好坏的一个重要因素。结构上的紧凑连贯要求文章的不同部分都要紧紧围绕主题句进行有机的结合，段落结构的衔接也要自然流畅，条理清晰，层次分明。结构的连贯性有利于读者跟上文章的思路，了解文章的大意。

运用一些衔接手段，可以使文章更加连贯，这些衔接手段包括以下几种。

保持名词和代词中人称和数量的一致，动词时态的一致。

使用过渡词能做到承上启下的效果，将句子有机地联系起来，使文章段落的内容能做到紧密联系，相互补充，从而推动段落中心意思能合理流畅的发展。

使用平行结构的句子可以使段落大意得到充分的发挥。

代词主要是将上文出现过的人或事进行代替，这样可以使句子互相照应，互相衔接。

重复关键词语可以使句子之间紧密衔接，从而推动文章的发展。

（五）文章结尾方法的应用

1. 总结式

总结式结尾就是在文章结尾处对全文进行总结，以揭示主题。

2. 建议式

这种类型的结尾是针对文中讨论的现象或问题，提出解决问题的途径、方法或呼吁人们采取相应的行动。

3. 重中主题式

这种结尾方式主要是强调文章的中心思想。

4. 展望式

这种方法主要表达对未来的展望和期待，有助于增强文章的感染力。

第三章

大学英语教学改革探究

本章主要阐述了大学英语教学改革探究的内容，主要对大学英语教学改革的理论基础和大学英语教学改革的方向与趋势进行了介绍。

第一节　大学英语教学改革的理论基础

我国的大学英语教学虽然也取得了不少成绩，但是近年来社会对于英语人才需求不断增加，对英语人才也提出了更高的要求。除此之外，大学英语教学的一些弊端也在不断凸显。为应对社会发展的需求，大学英语教学改革势在必行。

一、大学英语教学存在的弊端

（一）教学模式陈旧

当前的大学英语教学依然以传授基础知识为主，课堂中甚少涉及交际活动。经调查表明，大学英语教学中存在以下几个问题。

（1）传统的学习文化已经根深蒂固，教学观念及思想陈旧。

（2）实际教学与教学目的背道而驰。

（3）教材及教学内容等不符合社会发展与实际运用的需求。

（4）教学方法单一、陈旧。

（5）学习方法机械、被动。

教学沿袭以教师为中心的指导思想，传统大学英语教学模式仍然占据主导地位，衡量教学效果的重要标准是教师备课是否认真、讲课内容是否丰富、讲课是否有条理等。害怕学生听不懂，教师就反复举例说明，讲解语法和词语等。为了让学生更加明白，有些教师甚至翻译课文，而不给学生留下思考和内化的时间。为了捕捉更多的课堂信息，学生只是一味地记笔记、被动地跟着教师的思路走，没有参与语言实践的机会，从而使课堂氛围枯燥、单调，学生也只会用 Yes 和 No 来回答问题。

可以看出，陈旧、传统的大学英语教学模式不但约束了学生的自由、限制了学生潜力的发挥，还阻碍了学生英语能力的提高，甚至阻碍了大学英语教学目标的顺利实现。

（二）忽视学生的主体地位

综上所述，大学英语传统教学多是沿用以教师为主体的原则，而甚少关注学生的主体地位，也很少给学生提供自主学习的空间，从而使学生成为知识的消极接受者。实际，英语学习的首要任务是"学"而不是"教"。有效的语言教学不应违背自然过程，而应适应自然过程；不应妨碍学习，而应有助于学习并促进学习；不能让学生去适应教师和教材，而应让教师和教材去适应学生。这个"自然过程"就是让学生成为英语语言知识主动积极的接受者。

不同于其他学科，英语是一门实践性很强的课程，语言技能是需要学生自己不断实践才能获得和提高的，它的教学效果是以学生的学习效果为依据的，而学习效果在很大程度上取决于学生的主观能动性和参与性。因此，大学英语教学必须以学生为中心，充分尊重学生的主体地位，但这并不表明就要抹杀教师的作用。教师只是要从台前转到幕后，担负起组织者、管理者、鼓励者、合作者和解惑者的角色。

（三）应试教育倾向明显

大学英语传统教学模式主要是为了应对考试，属于典型的应试教育，而应试教育与素质教育的一个重要差别就是两者的"考试观"不同。考试本身具有两种功能：一种是评价功能，另一种是选拔功能。毫无疑问，在应试教育的影响下，考试的选拔功能是人们所看重的。在大学英语教学中，这一点集中体现在大学英语四、六级考试中。四、六级考试成了大学英语教学的"指挥棒"，人们用英语四、六级的通过率来判断学生的学习及教师的教学水平，这使得大学英语四、六级考试的应试性特点更加明显。语言学习要多听、多说、多读、多写，尤其要多背。语法知识的学习固然重要，但对于外语学习而言，"语感"更加重要，语言的培养离不开背诵。而做选择题是英语四、六级考试的标准化测试方式，因此学生就将大量时间花在做模拟题上、较少参与课堂讨论和交流，过度依赖教师的讲解，缺乏自主思考的能力，交际能力较差。

（四）与中小学英语教学脱节

在现在的英语教学中，与中小学英语教学脱节成为导致大学英语教学费时低效的因素之一。现在很多城市和发达地区在小学就开设了英语课程，即使在落后的农村地区，在初中一年级也开始学习英语。当这些学生进入大学时，他们已经学习了多年的英语，具备了一定基础知识和英语能力，大学阶段应是应用英语和提高英语的阶段，也就是说，他们有大量的语法知识和词汇基础做后盾。大学英语教学应将大部分时间用于学生运用语言能力的培养上，不需再把大量的时间花费在基础语言知识的讲解和练习上，但事实却并非如此。目前，很多大学英语教学大纲的制订与中学英语教学大纲的制订缺乏系统性，各阶段教学目的、要求脱节，进而导致教学内容重复，且分配也极不合理。

二、大学英语教学的最新要求

（一）追求全人发展

在大学英语教学中，以人为本应是每个教师的教学理念，教师教学的目的就是要充分发挥学生的主体地位，教会学生自主学习的方法，使学生能够实现终身学习。在知识经济飞速发展的今天，学生需要学习的内容与日俱增，仅在学校中进行学习是远远不够的，想要在复杂且竞争激烈的社会中立足，学生必须具有不断学习、终身学习的能力，学生必须能够利用有限的知识创意性地解决生活中出现的各种问题。大学英语教学首先的定位就是人的教育，在教学过中，教师应努力培养学生的学习兴趣，帮助学生获得有效的学习策略并养成良好的学习习惯。

全人发展不仅强调学生的知识教育，而且更加重视学生精神世界的建设，学生的社会责任感、严谨的学习态度等都会对其学习产生重要影响。全人发展强调尊重学生的个性，每一个学生都蕴含着丰富的个人潜能，英语教师应该与学生多沟通，从学生独特的视角中得到改善英语教学的启发。和谐的课堂气氛是全人发展所必需的，教师与学生之间应该是一种平等的关系，教师要多为学生创造英语学习的机会，使他们在学习中体会到成功的乐趣。

（二）采用科学的评价方式

传统的大学英语教学多采用单一的评价方式对学生的学习情况进行评价，其中采用笔试最为普遍。这些评价的结果多侧重于选拔，在评价中试图将学生分为三六九等，这样的评价方式对学生不利。因此，在进行大学英语教学改革时必须对评价方式进行改革。英语教学评价的目的不是对学生进行分类，而是对教师的教学效果进行监测，对学生的学习效果进行了解，以便教师在今后的教学中不断改善教学方法，提高教学效率。大学英语教学评价的实施应遵循以下几个原则。

1. 多元化原则

大学英语教学中，评价体系的改变必须实现多元化，只有多元化的教学体系才能达到应有的效果。评价的多元化包括目标多元化、评价主体多元化、评价工具多元化等，其中最主要的是评价主体的多元化。传统的英语教学中，评价的主体一般为教师，评价的对象为学生，在教学活动中，评价主体应更加多元化，即教师、学生、家长都应该参与到教学评价中来，教学管理者及家长等的评价对教师教学的进步和提高具有重要作用。教师可以通过评价了解自己的不足及家长、教育管理者对于教学的建议，从而改善英语教学方式。

2. 激励原则

评价的目的是实现学生的全面发展，但是由于错误的教学观念引导，使得人们将评价等同于考试。家长、教师甚至整个社会都通过分数来对学生进行评判，让学生卷入了无情的分数竞争中。这就导致了学生无法从分数中看到自己的进步与不足，而感受到的是更多的压力。评价的目的不是为了打击学生的积极性，而是为了激励学生，评价的目的是发现每个学生身上的优点和特长，并针对学生的特长为其提供更广阔的发展平台。

3. 情感体验原则

语言是情感表达的工具，英语教学也是一种情感教学。因此，在进行英语教学评价时应多注意学生的情感体验，对学生的评价不应只停留在其知识掌握的多少上，还应看学生是否具有用英语进行情感表达的能力。与此同时，教师在进行评价时应该抱有积极的情感，重点关注学生的进步，鼓励学生进步，使学生用积极的态度对待评价，从评价的结果中不断获益。

（三）提高学生认识能力

英语教学不仅要培养学生的知识和技能，还应该培养学生的认识能力，学生认识能力的提高需要采用合理的教学方法。

想要提高学生的认识能力必须以话语为中心展开教学，话语由词汇组成且其应用于不同的语境中，以话语为中心展开教学体现了语言的完整性。语言与思维模式都在话语使用中得到体现，这样的教学模式更有利于学生将语言形式与思想内容结合起来，进而锻炼学生的智力。除此之外，教师在教授学生语言的同时，还应教授其文化与思想，语言教学应与"达理""明志"相结合。学习语言的人应该具有跨文化的领悟力，在习得语言的同时了解文化与相应的思维方式，这些都在无形中增强了学生的认识能力。

总而言之，大学英语教学中存在的种种弊端及大学英语教学的最新要求都反映着大学英语教学改革的必要性，也加快了大学英语教学改革的步伐。

三、基于建构主义的课程设计理念与实践

（一）基于建构主义的课程设计理念的转变

在我国传统的课程体制下，在很长一段时间内，我国的课程设计一直都是由教育专家、学科专家等掌握的，他们是设计教学课程的主体。但是，由于他们并不是学生，也不是教师，并不一定能像真正的教师与学生那样有很多的感悟，对于每个学校、每个学生的具体情况并不一定

十分了解，这种情况就会导致一些问题，无法兼顾学生与社会的需求。这种课程设计模式不仅没有体现出现代课程设计所应有的自主性和能动性，而且严重影响了课程改革进程，阻碍着学校课程目标实现的速度和质量。这种课程设计是一种"自上而下"的设计模式，课程设计研究并未以解决课程实际问题为导向，而是脱离了课程的实践，阻碍了课程设计理论的发展和成熟，同时也无法有效解决实践问题，不利于教学的顺利进行。

在建构主义理论中，这种课程设计理念需要发生转变，下面进行简要分析。

1. 由"静态"到"生成"：建构主义知识观

知识并不是静态的、绝对的存在，它不是一成不变的，而是随着人们对于世界认知的改变也在不断变化。知识是人们对现实世界认知后形成的产物，它不存在于客观世界之中，而是处于一定的时空背景下并与特定情境相联系。因此知识不能被任意解读或诠释，它们的本质也会随着环境的变化而不断演变，对于认知对象的解释也应该因为地点、时间等的不同而发生变化。认知活动就是一个不断建构新知识的过程，所有的认知都需要经过验证和反驳，在这个过程中一步步不断更新，对认知对象的解释也是动态生成的。认识者在认知对象的过程中，并不是被动、消极的，而应该是积极主动的，并且，随着认识者认识的事物与对象增多，他们的眼界逐渐开阔，知识储备越来越多，认知也会不断深化。

在建构主义理论中，知识并不是绝对的、静止的，而是在不断变化的。在这个基础上，学习者要对新事物产生兴趣和主动探索，然后他们可以获得自己需要的信息。因此，在设计课程时，理念需要进行转变，那种旧的将所有的知识都灌输给学生的理念已经无法适应现在社会的需求了，现在的重点在于如何以灵活的方式设计课程，使其具有弹性，在这一过程中，教师不是被动地传授知识，而是主动地去影响学生。通过师生共同参与，教师可以激发学生的学习热情，引导他们在学习过程中不断探索、创新和发现，从而获得知识和技能。因此，"弹性设计"在一定程度上就是对传统"刚性设计"的突破与创新。基于建构主义知识观的课程设计，其所呈现的"设计"并非绝对客观，而是一种具有创造性和灵活性的产物。从一定意义上说，课程设计就是一种对学习者进行个性化指导的活动。课程设计的最终目的不在于向学生展示"成品"，不在于将课程标准、教学大纲和教学内容等都一股脑儿地呈现在师生面前，而是为师生提供一个参考，随着教学活动的变化，课程设计的具体内容也会发生相应的变化。从这个意义上说，课程设计是对教师教的改进，是为了提高教学效果和教学质量，从而使学校真正成为培养创造型人才的基地。这种教学设计与课程改革的目标相符合，它改变了当前教学课程中过于注重书本知识、过于注重学科本位、科目过多等弊端，能够更好的提高教学效果。

2. 由"目中无人"到"以人为本"：建构主义学生观

在传统的课程设计理念中，学生往往被忽视，其所设计的教学课程并没有切实考虑到学生的真实情况。建构主义课程设计理念，尊重学生的想法，真正做到了"以人为本"。学生具有多种特性，如主体性、发展性、完整性、个性化。首先，学生的主体性是不可忽视的，即学生既不是被动地接受知识和信息，也不可能像传统课堂上那样被教师控制在自己的思维范围内。在教学过程中，学生扮演着至关重要的角色，正如当前课程观所倡导的"以人为本"的哲学理念，我们应该尊重学生的个性，让他们自由地发挥自己的潜能。同时，教师也应充分理解和把握这种自主性。其次，学生的成长潜力是不可忽视的，学生具有发展性。新课程改革提倡教师要关注每个学生的不同需求和特点，促进每一位学生健康和谐的成长。作为一个独立的个体，每一个学生都是不同的，他们在学习的过程中一步步成长，生理与心理都逐渐走向成熟和健康。换句话来说，人生之路永无止境，发展之路也是永无止境。因此，教师要善于把握每个学生的特点，因材施教，让每一个学生都能得到充分的发展。学生的发展潜力为教育的展开提供了无限的可能性，因此，教育应该为学生的成长提供充分的准备，为他们创造有利的条件，以便他们能够充分挖掘和开发自身的潜力。再次，学生具有完整性，学生作为生命体，其生命的完整性体现在其多层次、多方面的整合体上。教育就是要通过对学生个体进行全方位、多角度的引导，使每个个体都能充分实现自我价值和意义。教育的真正价值在于为学生提供知识的同时，还要帮助他们完善自身的人格，培养他们的感情，让他们真正地体验到生命的完整性。因此，我们要尊重学生，关爱学生，为他们提供充分展示自我个性的机会，使其获得更多自由时间去探索未知世界，实现自我价值。最后，学生具有个性化特征，每一个学生都是不同的，他们的生理、心理、家庭背景等多个方面都具有差异性，每个学生都是一个独特的个体，拥有其独特的个性特征，因此在教育过程中，教师必须充分尊重学生的个性特点，对他们进行个性化教学，积极调动他们的主动性和积极性，这样才能够在保证他们个性化的基础上使每个学生获得全面和谐的发展。

因此，在建构主义课程设计理念中，要充分认识到大学生"人"的特性，要"以人为本"，尊重学生的主体性和完整性，为他们创建一个良好的学习环境。在使用建构主义理念进行课程设计时，应该要"自下而上"的进行，以学生的需求为出发点，考虑课程实践，然后依据课程的具体实践不断地对课程设计方式进行调整。

3. 由"以教为主"到"以学为主"：建构主义教学观

传统的课程设计理念是"以教为主"，课堂中教的时间远远多于学的时间，这不利于学生的学习。将建构主义理念引入到教学课程设计中来，这将会改变教学活动的中心，使教学活动的中心从"教"向"学"转移，以"学"为核心，这种转变要求教师从传统的"传道、授业、解惑"向"导学案式教学法"转变。在教学过程中，教师并非唯一的主体，教师应当起到引导的作用，而不是始终死板地向学生传授各种知识，教学过程不应被视为单纯的知识传递。在建构主义理念的课程教学过程中，学生占据主体地位，教学过程不再是一味的知识传授的过程，而是学生在教师的协助下主动构建知识的过程，在这种课程设计理念的引导下，教师要激发学生的学习热情和主动性，引导他们构建自身的知识框架，从而更好的学习。这种知识建构过程的主体是学生，学生要主动、自主的完成，而不应当被动的完成，在学生进行知识建构过程中，教师可以在一旁指导和引领，帮助学生分析知识的合理性和有效性，从而使他们能够更加深入地理解这些知识的内在含义，并结合自身已有的知识经验，在脑海中形成对这些知识的新的看法，加深对知识的理解。

建构主义教学观认为，教师只是引导者，学生才是教学活动的主体，因此在教学过程中，教师应该提供尽可能多的机会，让学生能够自主、有效地参与其中。在学生积极参与活动的过程中，教师要引导他们建立自己的知识框架，以便更好地掌握知识。这也符合新课程改革所倡导的"一切为了每一个学生发展"的理念。在课程设计过程中，应以学生为中心，充分尊重学生的主体地位，并在考虑选择、组织和安排问题时，优先考虑学生的需求、兴趣、个性特点和现有水平，同时也要充分考虑到学习者的个体差异。

（二）建构主义视野下的课程设计实践探索

1. 建构主义视野下课程设计的基本原则

（1）直接经验与间接经验相结合

在建构主义视野下，课程设计的基本原则之一就是要将直接经验与间接经验相结合。建构主义认为，经验主要包含直接经验与间接经验，这些经验都是学习者在学习过程中不断生成的，其中，学习者自身实践、体验获得的是直接经验，学校教育中教授给学生的知识为间接经验。在建构主义视野下进行课程设计时必须要遵循直接经验与间接经验相结合的原则，二者兼顾，这样才能够使学生更好地学习，提高教学效率。

（2）主观性与客观性相结合

在建构主义视野下，课程设计的另一个基本原则就是要将主观性与客观性相结合。在建构主义理论中，知识是主观性的，课程和学习者也具有主观性。在它看来，学习者是独立的个体，他们在教学过程中主动地构建自身的知识体系，因此学习者具有主观性。另外，在课程设计过程中，会参考前人的经验，也会受到社会文化环境的影响，而社会文化条件是客观存在的。因此，在进行课程设计时，需要考虑学习者、课程、社会文化环境等多种因素，需要将主观性与客观性相结合。

（3）稳定性与动态性相结合

在建构主义视野下，课程设计的最后一个原则就是要将稳定性与动态性相结合。第一，在大学内的学生都处于一个稳定的年龄阶段之内，其生理与心理状况及智力水平等都相对较稳定，所以课程设计需要具有稳定性；第二，设计课程的目的是使学生学到知识，使他们得到成长与发展。因此，课程设计需要展现出动态性，以促进学生个体更好地发展变化。

2. 建构主义视野下的课程目标

课程目标是指一定教育阶段的学校课程力图促进该阶段学生的身心发展所需要达到的预期程度。课程目标是教育目的的转化，传统课程理论认为课程目标是课程结构的核心部分，一旦目标确定就不再改变，课程实施严格围绕目标进行，并且往往将目标着眼于学生对知识的掌握程度，这是较为狭隘的理解。建构主义情境观应用于课程领域，似乎"模糊"了以往的课程目标。建构主义者认为课程目标是在教学过程中逐渐凸显的，而不是事先预设的。

因此，目的是演进着的，而不是预先存在的。目的是演进中的教育过程的方向的性质，而不是教育过程的某些具体阶段的，或任何外部东西的方向的性质。它们对教育过程的价值，在于它们的挑战性，而不在于它们的终极状态。建构主义者认为，课程设计的过程中关于课程目标的设定应该是模糊的，或者是宏观的，而不是具体的。建构主义者认为，课程目标在于促进学生的知识、能力、个性的全面发展，在于培养学生的创新能力。此外，所谓"发展"，其本身就是一个"模糊"的标准，是动态生成性的发展状态。

3. 建构主义视野下的课程内容

对课程理解的不同，会导致在课程设计过程中对课程内容选择的不同。建构主义知识观强调课程知识的动态性、生成性，强调教学是学习者的主动性及其经验的建构。因而，在建构主义指导下，课程内容已打破原有的僵化、呆板的状态，也摆脱了"利用过去的教材，教导现在的学生，面对未来的挑战"的尴尬境地。世界在发展，人类在进步，以文化为基础的课程内容也应该不断扩充和更新。

建构主义在扩充课程内容方面的影响具体体现在：一方面，建构主义改变了以往的课程资源观，在新课程改革下课程资源观表现为：生活世界处处有课程资源；教材、课程标准是基本而特殊的课程资源；教师、学生是重要的课程资源；教学过程是课程资源生成的过程。另一方面，建构主义影响了课程内容的选择，传统的课程观认为课程内容选择的主动权在课程专家和教师手中。建构主义强调学习者的主体性，学生也有选择课程内容的权利，并且应该是确定课程内容的主体。课程目标在于促进学生知识能力、情感等各方面的发展。课程内容的选择也应依据学生的兴趣、发展方向而定。课程内容选择权的扩大化，必然有助于扩充课程内容。

在新课程改革中，建构主义与课程相结合是必然的。一方面，这是建构主义发展融入各个领域的必然趋势；另一方面，这也是课程改革中不断探索新途径解决课程发展中存在的问题的必然要求。课程设计是新课程改革的一个重要方面，建构主义知识观、学生观、教学观、情境观等思想主张融入课程领域，不仅为课程设计理念的转变提供了有力的理论支撑和依据，也为课程设计实践提供了工具性的方法指导。

第二节　大学英语教学改革的方向与趋势

一、大学英语教学核心要素的特征及教学模式的转变

在传统的教学模式中，课堂以教师为中心，教师讲授知识，学生听讲已经成为常态，随着目前信息技术的飞速发展，这种传统的教学模式已经发生了转变。课堂上教师已经不再是主体，学生开始占据中心地位。而且，传统的知识传授教学也发生了转变，转变为综合应用能力教学。随着时间的推移，中国的互联网已经经历了十年的迅猛发展，其应用范围不断扩大，人们在工作、学习和生活中越来越频繁地使用互联网。随着互联网的崛起，人们获取知识的方式已经发生了翻天覆地的变化，人

们可以在网络上随时随地获取自己想要的信息。对于学校教育来说，产生了深远的影响。

随着网络的应用范围变得越来越广泛，学生们获取信息的途径也不再只是以前那几种，网络工具提供了海量信息资源，其可接近性也在不断增强，信息流逐渐向学生倾斜，这也意味着传统的学校教育中教师与学生之间相互依存的关系正面临着严峻的挑战。网络时代作为一种崭新的教学环境，给传统课堂教学带来了前所未有的冲击。通过引入新技术和网络工具，学习者不再受限于他人的视野和引导，而是能够随时随地进行学习，享受海量的学习资源，不受限于时间与空间的限制，学习无处不在。这种变化对传统教学模式提出了极大的挑战，同时为高校外语教师提供了一种崭新的教学方法，即以信息技术作为主要手段，实现"教"与"学"的变革。随着计算机技术的飞速发展，其功能已经实现了跨越式的提升，在外语教学领域，计算机技术已经逐渐开始成为主导力量。信息技术为大学英语课堂教学带来革命性变化，在大学英语教学中，英语课程教学网络环境逐渐开始形成，一些教学中的关键变量如学生、教师、媒介、教材等都将呈现出全新的特征。它们被赋予了新的内涵，学习者的与之相关的崭新的认知与心理空间也在逐渐地形成。

大学英语教师的课程教学与研究面临着教师与学生角色根本性变化的挑战，因此需要转变教学理念，教师要采用一种全新的教学模式来对学生进行教学，即以学生为中心，既要向其传授语言知识与技能，也要注重对其自主学习能力和语言运用能力的培养。

（一）教师为中心大学英语教学模式的局限性

在高等教育中，大学英语教学扮演着不可或缺的角色。随着社会经济与文化的快速发展，大学英语的教学改革势在必行。在传统英语教学中，大学英语的课程计划和教学是在特定的历史时期和特定的循环内部不断演变和发展的，大学英语课堂设计教学任务，然后教师依据这个教学任务来对学生实施教学，同时要依靠教学评价来确定教学任务是否完成达标。在传统的英语教学中，学生并未被赋予主体地位，而是被动地接受英语教育，大学英语教学具有相当的修业年限，教师需要在这个年限内完成英语教学任务；英语教学中教师是"知识传授者"，他们占据主体地位，是学生们获取知识与信息的主要渠道；大学英语课程的教材、软件、教学辅助设备等都是最开始就已经预先制订好了的，没有根据学生的具体情况进行变动，评价形式也比较单一，难以全面地对学生进行评价。在传统大学英语教学中，教师的自由度比较低，只能依靠教学要求来完成教学，不能自己更改教学目的以及教学计划。在当今网络多媒体环境下，传统的大学英语教学模式、内容及方法等已经无法满足新的教学情境的需求。网络多媒体教学技术具有交互性、实时性、多样性及个性化等特点，为实现以培养高素质人才为目的的新型大学英语教学模式提供了条件。因此，针对网络环境下大学英语教学的主要组成要素特征进行深入分析，并构建全新的大学英语教学模式，已成为当前大学英语课程教学改革研究的迫切需求。

（二）大学英语教学核心要素的主要特征

传统的英语教学模式已经被改变，网络环境下的新的大学英语课程的发展和教学呈现出全新的面貌，与传统的大学英语教学模式有着显著的差异。网络信息资源对大学英语教学产生了巨大影响，具体说来，它取得了三大突破：改变了传统的教学结构、增加了学生获取知识与信息的渠道及理想的外语学习环境被创设出来。传统的教学结构被改变，课程不再具有绝对规定性，教师也不再是学生获取知识的唯一纽带，网络上具有理想的外语学习环境等，这都展现出大学英语网络学习环境的变化。网络所涵盖的信息量极为丰富，然而却缺乏传统意义上课程的内容范围和程序编设方面的确定性和良好结构，呈现出一种零乱无序的状态。因此，学生在网上浏览查阅信息时，需要格外注意。网络信息资源具有开放性、共享性和交互性特点，学生可以在其中自由地选择自己想要学习的内容，掌控学习媒介和课程程序。网络技术对学习者来说具有很大吸引力，它能使学习者从被动接受转变为主动探索，从而激发学生学习英语的兴趣和动机。

1. 向世界知识的学习内容

网络环境中的内容十分丰富，大学英语学习者在进行网上检索时，所接触和学习的内容呈现出极其丰富和复杂的状态，其范围已经超越了《课程要求》所规定的必修、选修课程的教材内容体系，而是具有很多更加深入、更加广博的内容，这就使得传统的以教师为主导的教学模式在网络时代已不适用。在网络环境中，网络信息和世界知识已经直接融入学习者的生活中，展现在学习者面前，它不需要任何中介环节的参与，学生们可以根据自己的兴趣、爱好及自己的需求，自主、自由地对这些网络上的信息与知识进行选择、重组和再加工。网络所提供的超媒体、超文本信息，及跨学科、跨时空和面向真实世界的链接，构建起了使学习者走出大学英语课堂、融入社会实际英语使用情境的内容体系，有助于实现学习内容与学生之间的双向强交互[①]。

这种多媒体手段创设营造了一种比较良好的互动氛围，有利于学生更好地进行学习。因此，网络环境下的大学英语课程具备更高的实用性和人文性，呈现出一种更为综合和深刻的特质。它以其丰富多样的教学内容，灵活多变的教学方式和灵活机动的教学模式，极大程度地激发了

---

① 陈坚林. 关于"中心"的辨析——兼谈"基于计算机和课堂英语多媒体教学模式"中的"学生中心论"[J]. 外语电化教学，2005（5）：6.

大学生自主探索的热情。在大学英语课堂教学中，不仅可以巩固学生的语言基础，同时也扩展了学生的知识领域，使他们能够更好地了解世界文化，这对培养具有国际视野的复合型人才将发挥重要作用。另外，从课程构建的角度来看，这种网络环境下的高校英语教学也为学生提供了更为便利和高效的认知工具和认知空间，以促进他们更好地解决问题，更好地进行研究性与创造性学习。

2. 主体地位的淡化

在传统的大学英语教学模式中，教师占据着主体地位，教师讲授知识，而学生只是在课桌上进行被动的学习。随着信息技术的发展，教学模式逐渐发生了转变，大学英语教师的主体地位逐渐淡化，教师在教学中不仅是信息传递者、引导者，更是参与者、合作者、组织者，教师与学生的关系也变得越来越密切。相较于以往单纯的语言知识传授和严格监控的教学模式，这种新的教学模式显然更加受到广大师生的喜欢。在这种教学模式下，教师应更加注重设计更加有意义的语言学习任务或问题，以激发学生的学习热情，提高他们的学习积极性，促使其成为学习的主体。同时，教师还应该创造一个更加真实、复杂和开放的语言学习环境，使学生身临其境，从而激发学生能够更好地探索问题、思考问题、解决问题。

教师应当以学生为中心，尽量淡化传统教学模式中自己的主体地位，提高学生的学习自觉性，推动着学生更好地自主学习、自我发现、自我思考，以帮助他们更好地理解不断变化的环境和自我，最大限度地发挥自身的潜能。在教学过程中，要始终坚持以学生为中心，强调学习方法的多样性和个性化，师生之间保持一个良好的关系，真诚、友好，互相信任，互相理解。学生是教育教学活动的主体，教师只是起到引导作用，教师要尊重学生、信任学生，倾听学生的想法与思考，与学生共同探讨学习。教师还要适当地鼓励学生，增加学生学习的信心，对学生的独立性和情感表达给予充分的信任和认可，从而使他们的潜能能够充分发挥出来。同时还要注意培养学生积极乐观向上的情感，增强他们克服困难、战胜挫折的信心。使他们能够面对困难，毫不畏惧，迎难而上。

在新的教学模式下，教师的主体地位已经慢慢淡化，学生的主体地位慢慢展现出来，但是，这并不等同于教师中心地位的丧失。在教学过程中，教师仍然占据着主导地位，教师引导着学生开展之后的学习工作。而且，互联网的普及与发展也为教师提供了更大的机遇，因为他们可以利用网络上简单易用、功能强大的搜索引擎来不断促进英语教学课程的发展，从而成为学校课程发展的领导者。随着学校教育中互联网的逐渐普及，越来越多的大学英语教师和学生开始利用网络查询资源，大学英语教师得以更广泛地调用网络资源来进行教学，学生也获得了更加广泛的知识传播途径，开阔了视野，同时网络上各地的学生与学生、学生与教师、教师与教师之间也可以相互交流，共同探讨看法，解决问题。

每一个学生都是独一无二的，他们有着各自的生理与心理特征，有着不同的兴趣爱好。在网络环境下，教师可以根据每个学生制定特订的学习目标和学习任务，有针对性地进行教学，从而实现因材施教的教学理念。教师要从宏观上把握学习需求与知识之间的关系，基于问题、兴趣、需求等多方面因素，整合不同的主题，以建立跨学科之间的紧密联系。教师要运用多种教学方法与手段，提高学生的学习效率，不断增强其自主探究能力，促进学生个性化发展。教师可以引导学生在虚拟网络世界中畅游，拓宽他们的知识视野，采用交互式教学技术，激发学生的学习积极性，通过亲身探索实践，构建坚实的图式基础，引导学生通过网络拓展阅读、听说、写作等技能，提升其高级思维能力，包括但不限于批判性和创造性思维能力等。教师要利用网络丰富教学资源，创设真实情境，让学生亲身经历探究过程，从而实现从感性认识到理性认识的飞跃。教师还可以在教学内容中引入一些参与性比较强的网站或者是娱乐性质的网站，以促进学生之间的"人机互动"，增强学生们的学习兴趣，从而达到寓教于乐的目的。教师要在学习过程中激发学生的学习动机，增强学生对英语学科的认同感和自豪感，不断培养和提升学生的综合语言应用能力，从而使其达到更高水平。

3. 学习者主体地位的凸显与学习者意义的建构

无论是古代还是现在，无论是外国还是中国，学者们长期以来一直高度重视学生的学习，认为学生的学习对于知识的掌握、技能的形成、智力的发展、能力的培养、品德的养成及人格的塑造等都具有极为重要的意义。因此，人们把教学和研究视为一种追求卓越的活动。在中国古代，关于学习过程，有一个十分著名的理论，即五阶段论："博学之、审问之、慎思之、明辨之、笃行之"，这主要讲述的是学习者学习的五个阶段。关于学习者的学习，现代西方学者认为学习者的心理状态在学习过程中扮演着至关重要的角色。他们从不同角度对学习者的心理状态进行了探讨，从而形成了多种学习理论，如认知主义学习理论、行为主义学习理论、人本主义学习理论、建构主义学习理论、多元智能理论等，下面进行简要介绍。

认知主义的学习理论，主张学习是一种建立和组织认知结构的过程，这个理论比较注重通过整体性和发现式的学习来实现知识的获取。行为主义的学习理论主张将学习过程中的刺激和反应紧密联系起来，主张要强化人们的模仿行为，然后依据这种方式来使学习者养成良好的行为习惯，或者是改变学习者的一些不好的行为习惯。也就是说，通过加强模仿行为来塑造和改变学习者的行为方式。人本主义的学习理论比较注重人，在学习过程中，它注重学生要愉快地学习，教学时要以学生者为中心，不断实现学生的价值，发挥学生的潜能。多元智能理论主张每个人的个体智力是有差异的，个体智力由创造性、实践性与分析性三种能力组合而成，每个人的这种智力上的差异主要展现在这三种能力的配比组合上面。建构主义是指在教学中，学生不应仅只是单纯地接受传递来的知识，更重要的是学生还要学会对这些知识进行建构，并赋予它们独特的经验与意义，学生的学习应当是知识的建构活动。目前，在网络环境下，学习者不再只是单纯的一种角色，而应该是上面所讲述的所有理论的综合，学习者的学习活动是学生主动进行的，而不是被动强制的。学习者在课上可以进行各种知识理论体系的学习，在课下还可以利用网络工具，他们能够有效地掌控自己的学习过程，从而在寻求理解的过程中激发新的学习动机，学习到更多新的知识。他们在网络环境中能够自主决定信息的关联和程度，要求课文仅呈现"宏观视角"的结构，而自己利用网络对其进行深入的探讨，并期望在新的教学模式中建立情景化的评估机制。网络环境下学生的主体地位得到了提升，同时自身的学习的自主性、独立性与创造性也在不断提升，在现实语言交流中，学生的语言知识和经验得到了有效的扩展，同时学习者的意义也得到了合理的建构。

（三）大学英语教学模式转变的基本原则

目前，在网络环境下，大学英语教学中教师与学生的地位发生了转变，教师不再占据主体地位，教学中的主体地位开始由学生担任，大学英语教学中开始以学生为中心。传统教学法强调"教"与"学"分离，忽视了学习者学习过程中的主动性、参与性及创造性。传统教学法中教师采用讲授法的方式进行授课，这种授课方式最早起源于古希腊苏格拉底和柏拉图哲学取向的教学理论，后来，到了 19 世纪初，又取自于赫尔巴特现代意义上的教学理论在哲学取向或心理取向上的分野，从很久以前开始，这种讲授法的教学方式就已经成为主导，并一直延续到现在。在课堂上教师运用口头语言，以系统化的方式向学生传授知识，主要包括三种基本形式，即讲述、讲解、讲演，这就是所谓的讲授法。这种以知识为基础、以教师为核心的授课方式曾在历史上扮演了重要角色，并产生了十分深远的影响。

随着时代的推移，社会的发展，这种讲授法已经不适应现在学校教学的要求，必须对其加以改进。因此，当代的教学理论在教学方法上对其进行了革新，强调了心理因素对学习的影响，创建出了多种教学法，如人本主义教学法、行为主义教学法、建构主义教学法、认知主义教学法等。人本主义的教学方法，顾名思义，就是指"以人为本"，就是指要始终以人作为根本中心，教师在人本主义中扮演着至关重要的角色，他们要引导学生构建意义学习，帮助学生树立自信心，激发学生的学习积极性，鼓励学生积极参与各种活动，自我发起各种活动，并且进行自我评估。这种教学方法主张以学习者为中心来组织教学活动，注重培养学习者的自主探索精神，提倡用积极的情感体验代替消极的态度。行为主义的教学方法比较注重行为，它将"刺激-反应"视为行为的基本单位，对学生施加一定的刺激，学生就可以作出相应的反应，这种教学方法要想更好的教学，关键在于如何巧妙地安排和强化，设计一个程序性的教学方法，然后按照这个教学方法对学生进行教学，在这个期间一定要严格遵循逻辑程序，旨在降低错误率，确保学生在学习过程中将错误率降至最低水平。认知主义教学法主张以发现法为基础，它比较看重对学习过程、内在动机、直觉思维的加工和提取，以及对信息的加工和提取，然后达到更深层次的认知。建构主义教学法主张将所有的学习任务都集中起来，然后将它们放置在一个较大的任务或问题中，比较强调学习者在整个问题或任务中的自主权，以促进其发展。这种教学方法的过程就是最开始要构建一种良好的学习环境，使学生能够对这个学习环境有兴趣，从而激发他们的思维，鼓励他们去大胆探索，找到自己的观点，并在思考与探索中对这个观点进行检验，不断反思。

上面所讲的这些教学方法，无论是认知主义教学法，还是建构主义教学法，亦或是行为主义教学法、人本主义教学法，均以知识传授为基础，对学生进行教学。随着网络时代的兴起，互联网越来越频繁地出现在人们的学习、工作与生活之中，大学英语的教学范式的设计也必须要进行变革。以前那种单一的教学路径应当发生转变，转变为多路径的教学；以前那种以教师为中心的教学模式应当从以教师为中心向以学生为中心转变；以前那种个人学习的方式已经不再适用，应当开展合作学习的模式；以前那种事实记忆型的教学应当向着探究性教学、研究型教学转变。

我们不能对这股社会变革的力量采取一种袖手旁观的姿态，而是应当加入其中，让这股社会变革的力量参与到英语教学改革之中来。它将以一种积极、开放而又冷静的方式影响着大学英语教学。目前，在网络环境下，大学英语课程教学的变革已经成为一种大势所趋。在当今全球化时代，大学英语课堂教学正在经历着一场深刻的转型与革命。因此，必须建立一种全新的教学模式，以适应大学英语课程的发展需求。通过上面的分析，在大学英语教学中，要实现教学模式转变的基本原则主要有这几个方面：教师不再游离在学生的学习过程之外，学生和教师都将以学习者的身份共同参与其中；在大学英语课程的教学过程中，知识的传递将不再是单向的，而是以互动和多向的方式进行交流；教学手段也会随着技术发展而发生变化，网络的广泛应用将推动学习资源以多媒体的形式呈现，同时教学手段也将向多元化的媒介趋势发展；在课堂上教师可以根据不同层次、不同类型学生的特点来确定教学方法和策略，从而实现真正意义上的因材施教，学生可以自主选择学习内容和方法，以建立自己的知识体系，主动地参与到学习过程中。

在新的英语教学模式下，教师不应当仅依赖于经验，他们在教育过程中扮演着引导者和辅导者的重要角色，引导学生学习，并对其不懂的地方加以辅导。学生在学校中的任务是学习，即学会如何学。掌握一套基本的学习技能是学习过程中必不可少的。教师在教学中除了要传授知识还应注重培养学生各种基本技能，涵盖了对新兴技术的认知了解、运用能力及元认知技能等方面的内容。在这个过程中，学习者要不断地从外界获取知识，并不断地锻炼自己的运用能力。要想使学生更好地学习，必须对学习环境进行全面重构，以适应当今快速变化的学习需求。目前，学习历程更多的是聚焦于当下或未来，而非过去。学习者将更加注重未来的规划，因为知识的获取和技能的培养与未来息息相关。教师应注重为每个个体提供适合于他们需要的机会，并在学习过程中持续不断地、全面地对学生进行评价，以确保他们能够更好地学习。

因此，有必要对大学英语课程的授课方式进行重新构思和优化。在当今网络环境下，大学英语教学中离不开计算机，在教学中应当将教师、学生、教学内容及现代教育技术联系到一起，共同构建一个生态化的大学英语教学环境，在这种整合统一的英语教学大环境下，实现教师和学生的 互动、相互补充和相互转换，从而充分发挥他们在教学中的积极作用。这种教学模式有助于促进学习者主动参与学习过程并取得良好学习效果，提高教学效率。为了实现这种教学的组合，我们可以采用以下七种方法，将它们进行组合运用。这七种教学方法，从简单到复杂进行排序，分别进行简要叙述。

第一，基于内容的教学方法，通过讲述事实、规则，引导学生亲身探索实践等活动来使学生习得知识、学会操作；第二，基于技能的教学方法，利用多种活动形式，如讲故事等等来增强学生的语言意识，提高学生的语言兴趣，提高他们的语言技能；第三，探究教学法，以"大观点"、熟悉度、文本组织为教学活动内容，实现文本理解、信息联结；第四，基于概念的学习法，通过教师与学生、学生与学生间的小组活动、合作活动等来进行互动，发展社会技能；第五，学科间融入教学法，围绕当前事件设计教学活动的相关内容，并且使它们能够在不同的学科之间共享；第六，合作学习法，在课堂内外组织学生合作学习，在这种教学活动中不断提高学生分析问题、解决问题的能力；第七，创造性思维教学法，或者也可以说是批判性思维教学法，这种教学方法就是教师充分引导学生自由想象，在接触到新的教学内容之后能够对其进行建构。

二、大学英语教学改革存在的问题及其对策

（一）大学英语教学改革存在的问题及其原因分析

"要求"是各高校开展大学英语教学改革的纲领性文件，各高校要在此基础上根据自身办学特色，制订与之相适应的英语课程体系、课程内容等具体的教学改革实践方案。从各校教学改革实施的方式与效果看，大学英语教学改革存在以下三个主要问题。

1. 大学英语教学改革的方向迷失

目前，在大学英语教学的改革过程中，许多高等学府已经将大学英语四、六级考试视为推进英语教学改革的引领力量，它们将英语四、六级考试的成绩作为英语教学的主要目标。在这样一种环境下，大学英语四、六级成为高校教学的应试工具，反而不利于学生的学习。这既不利于提高学生的学习效率，也不符合大学英语教学目标。1987年，我国开

始实施大学英语四级全国统一考试，从那个时候到现在，随着大学英语教学的不断改革，大学英语四、六级考试的题型也进行了多次调整，二者是相互呼应的。但是，对于大学英语四、六级考试来说，它仍未能全面反映大学英语教学的要求。因此，一些高校将大学英语四、六级作为英语教学的目标是不准确的。四、六级一开始是 100 分制阶段，在这个阶段内，其考试题型注重于语言本身，也就是说当时的英语四、六级主要考察学生对于英语语言的知识掌握情况，而并没有涉及英语应用能力的评估。后来，英语四、六级测试内容发生了一些变化，英语听说能力测试内容的比重逐渐增加。到了 710 分制的考试阶段，在这个阶段内仅只向学生颁发成绩单，而并未进行及格线的划分，未颁发任何证书。在这个阶段内，英语四、六级着重考查学生的口语和听力能力，英语听说部分的分值均增大了。一开始，听力分值只是 20%，后来，它被提高到 35%。在大学英语教学过程中，四、六级考试只是一种用以评估学生英语学习效果的方式，它不应当被看作是大学英语教学唯一的教学目标。

在一些高校内，有这样一项规定，即达到大学英语四、六级考试的学生可以申请免修大学英语教学课程。这项规定与"要求"的指导思想背道而驰，不利于大学生英语的学习。大学英语四级比较简单，中学学习成绩好的学生往往可以一次通过，如果仅因为这样就不用学习大学英语教学课程，那显然是不对的。在大学英语教学中，"要求"指出大学英语是一门必修基础课程。因此，学生不能不参与大学英语这门基础课程的学习。另外，"要求"还建议，在一所学校内，其学分制体系中，学生大学英语课程成绩应该占据一席之地，并且，要确保大学英语学分占本科总学分的 10%。在一些高等院校中，有一些考生已经通过了大学英语四级考试，这时候，为了激励那些已经通过四级考试的学生继续学习大学英语课程，部分高校推出了一系列的培训班，如六级考试、托福英语考试、雅思考试等。学校推出这些培训班，使那些英语水平较高的学生也能够更加积极地投入到英语学习之中。而且托福英语考试、雅思英语考试虽然也是以提高学生的考试成绩为目的，但是它们更加强调对学生语言以外的信息进行考察，有助于培养学生形成良好的语言应用能力，在大学英语教学中，其应用有待进一步拓展。不过，尽管如此，大学英语教学课程还是不能将其作为大学英语教学的目标。

大学英语教学沦为应试教育的主要原因包括：大学英语教学目标不明确，将培养学生达到四、六级考试的及格线作为大学英语教与学的目标，忽视了学生英语综合应用能力的培养；大学英语教学评估体系单一、不科学，尤其缺乏对学生自主学习、英语实际应用能力的评价，将四、六级考试达到及格线或托福、雅思成绩作为衡量学生英语能力的主要标准。

2. 大学英语自主学习流于形式

在大学英语教学改革中，还存在着学生的自主学习流于形式的问题，也就是说，仍然存在着学生的主体地位并没有得到保障、学生被动地接受学习、缺乏自主学习能力的问题。在传统英语课堂教学中，教师教授知识，学生被动地学习，"教"比"学"占的比重更大，花费的时间更多。因此，要对"教"与"学"关系进行改革，以"学"为主、以"教"为辅，扩大英语教学课堂上"学"所占的比例与时间，以培养学生的英语自主学习能力为目标，对学生实施个性化教学。目前，自主学习作为一种重要的学习策略和方法已越来越受到人们的重视。为了提高学生的自主学习能力，英语课堂教学应当融入自主学习模式，采用"自主"的教学方式，逐步实现学生自主学习的目标。要实现这种自主教学模式，就需要充分发挥"教"与"学"的协同作用。高校必须要充分发挥自身的优势，协调各方资源，建立一个基于校园网的英语自主学习平台，然后将各种英语学习相关的资源置于其上，使学生能够获取到更加丰富多彩的在线学习资源；同时，也应重视网络教学环境下师生之间的交流和互动，以促进学生更好地理解知识、掌握技能、提高综合运用语言的水平。学生应当利用课余时间，积极参与在线英语自主学习，以提升自身英语水平。

3. 英语应用能力培养的措施不到位

在大学英语改革过程中，存在着培养学生英语应用能力的措施不到位的问题。尽管在大学英语教学中，一些高校引入了一些自主学习的听说课程，但是资源匮乏和学生缺乏自觉性，这些自主听说课程未能达到预期效果，致使英语综合应用能力的培养形同虚设。要提高大学生的英语综合应用能力，必须深化英语教学改革，从大学英语课程设置、课程体系建设等方面下手。因为，在教学方面，它们往往发挥着极其重要的作用。在大学英语教学中，英语教学课程如果设置得不合理，那么英语教学或将误入歧途，致使英语应用能力的培养成为一种空洞的幻想。

（二）深化大学英语教学改革的对策

1. 明确大学英语教学的目标与任务

要深化大学英语教学改革，就需要明确大学英语教学的目标与任务。目前，大学英语教学的目标中，最重要的就是要培养学生的英语综合运用能力，包含听、说、读、写等各项能力，改变"哑巴英语"的局面，不断提高学生的英语交际能力。

2. 构建各具特色的大学英语课程体系

大学英语课程体系的设计要立足于学校及学科人才培养的需求，从学校的办学与人才培养目标出发，构建具有各高校特色的大学英语课程体系。在构建大学英语教学课程体系时，要充分考虑学校部分学科发展的需要，采取大学英语教学"四年不断线"的方式，培养高素质、具有国际视野的学科人才。一、二年级主要为学生开设综合英语课程（读写课和听说课），三、四年级主要开设以专业英语或学术英语为主的特殊用途英语课程。特殊用途英语课程是英语基础课程与专业双语课程之间的桥梁，通过特殊用途英语课程及其后续专业双语课程的教学，使学生顺利地从大学综合英语的学习过渡到英语的专业应用类课程的学习。

不同高校通过构建各具特色的大学英语课程体系，设计"四年不断线"的课程，引领正确的教学改革方向。英语教师要相对固定于一个专业的英语教学，了解相关专业学科背景，积累相关的专业英语资料，向一、二年级学生推荐与专业基础知识相关的英语听力或阅读材料，使学生在双语课程、专业英文学术报告的熏陶下，潜移默化地实现英语应用能力的培养。

3. 深化听说教学改革

"要求"提出培养学生的英语综合应用能力，特别是听、说能力，使他们在今后学习、工作和社会交往中能用英语有效地进行交际。因此，在教学实践中，要始终按照课程教学的要求，着力提高学生的听、说能力。

当前许多高校首选的应对策略是适当增加听力课的课时，有些高校英语读写课与听力课的课时比例达到1:1。除此之外，各高校应深化听说课程教学的改革。一要贯彻"以说带听、以听促说、听说并举"的课内教学原则，不但要在听力课中强化听说，还要在读写课教学中重视听说训练，实现各种教学场合的听说并举，达到提高学生听说能力的目的。二要合理规划在课外时间实施英语听力的教学，除课内教学外，教师还要指导学生在课外时间开展听力训练。实行英语四级考试及格后大学英语免修制度的高校，可组织免修学生开展自主听力学习。一方面教师要为学生提供课外听力材料，另一方面要进一步完善英语网络自主学习平台，为学生的课外听力训练创造条件。

三、大学英语教学改革的方向

目前，一些学者呼吁新一轮大学英语教学改革的方向应该是 ESP（专门用途英语），下面对其进行简要介绍。

（一）ESP 的概念、特征和目的

ESP 是 English For Specific/Special Purposes（专门用于英语）的缩写。

ESP 四个根本特征如下。

（1）需求上，课程设置必须满足学习者的特定需求。

（2）内容上，与特定学科或职业相联系。

（3）语言上，适合相关专业或职业的句法、词汇和语篇上。

（4）与通用英语（EGP）形成对照。

ESP 的两个可变特征如下。

（1）可以只限于某一种语言技能的培养（如阅读技能或口语交际技能）。

（2）可以根据任何一种教学法进行教学。

纵观国内外学者有关 ESP 的概念，不难看出 ESP 是一种行之有效的教学途径，它是以应用语言学的理论为依据，以学生的特殊需求为出发点制定教学目标、教学内容和教学方法，其目的是培养和提高学生在所学专业领域用英语进行学习和交流的能力，在所从事的行业里用英语从事工作和沟通的能力。说得直白一些，就是培养学生用英语完成任务的能力，突出英语的工具性。

（二）ESP 教学成为大学英语教学改革的方向

大学英语课程不仅是一门语言基础课程，也是拓宽知识、了解世界文化的素质教育课程，兼有工具性和人文性。工具性要求与专业相结合，培养学生专业英语的综合运用能力。人文性帮助学生了解西方文化，开阔视野，扩大知识面，加深对世界的了解，借鉴和吸收外国文化精华，提高文化素养。由此看来，大学英语教学有两大目标：（1）帮助学生打下扎实的语言基础，提高文化素养；（2）培养学生的英语综合应用能力，为社会发展和国际交流服务。第一个目标的实现有赖于通用英语教学，而第二个目标的实现有赖于专门用途英语教学。所以，我们认为大学英语教学改革的方向既不是通用英语，也不是专门用途英语，而是通用英语加专门用途英语，理由如下。

（1）专家们的意见

很多外语教育专家都认为，通用英语和专门用途英语是相辅相成、相得益彰，共同构成大学英语教学的内容。EGP 教学是基础，ESP 教学是提高，只要打好了坚实的 EGP 基础，ESP 的学习效率就会大大提高。反之，如果通用英语的基本功不过硬，只熟悉了一些专业术语，专门用途英语也很难学好。

（2）有利于培养既懂专业又通外语的社会主义建设人才

EGP 教学是以教授一般语言技能为目的的课程，其目的是培养学生扎实的语言基本功，掌握英语的"语言共核"为专业英语学习作准备，提升学生的人文素养，扩大学生的知识面，帮助学生树立正确的人生观和价值观。而 ESP 教学则是使学习者在某一专业或职业上使英语知识和技能实现专门化的应用性课程，它将专业知识学习与语言技能训练融为一体，具有较强的针对性和实用性，有助于培养学生的英语综合应用能力，尤其是在自己的专业领域用英语进行交际的能力。ESP 与 EGP 并非相对立的两个部分，而是紧密相连的，ESP 培养学生的学术素养，EGP 培养学生的人文素养。在整个英语教育体系中，它们是为同一个教学目标而构建的两个层面，是一个语言连续体的两端。事实上，两者都具有词汇、句法、语篇等层次上的语言共核部分。两者在时间上有先后，在内容上却相互融合。所以，大学外语教学只有把 ESP 教学和 EGP 教学有机地结合起来，才能培养出大批既懂专业又通外语的社会主义建设人才。

（3）有利于纠正大学生人文素质下降的趋势

当今科学技术的发展越来越迅速，专业分工越来越细，尤其是进入网络时代，知识和资讯爆炸性增长，客观上要求人才要从"广而泛"转向"专而精"。从国家和社会发展层面看，中国作为一个后发新兴经济体，建设与发展任务十分艰巨，亟须大批各行业的专业人才，以服务富国强民的国家战略。

ESP 课程注重培养学生的工具性，而 EGP 课程注重培养学生的人文性。EGP 教育本身不是一个实用性、专业性、职业性的教育，从功利主义的角度看，EGP 教育除了考试，似乎一无用处。然而，EGP 教育却恰恰体现了罗素"从无用的知识与无私的爱的结合中更能生出智慧"的论断。EGP 教育不仅是一种培养学生英语语言基本功的教育，更是一种人本教育，它会使人活得更明白、更高贵、更有尊严，强调培养的是全人而不是工具人、手段人，旨在引导学生形成正确的世界观、人生观、价值观。所以，EGP 教学有利于纠正大学生人文素质下降这一趋势。

四、大学英语教学改革的趋势

（一）教育信息化趋势下的大学英语教学改革

在过去的十年中，互联网迅速发展，教育信息化逐渐成为一种流行趋势，这种教育信息化的流行趋势将会对传统的大学英语教学造成严重冲击。在这种流行趋势的影响下，我国的教育教学理念、教学管理体制、教学资源配置、教学方式方法等方面产生了一场十分深刻的变革。对于学生与教师来说，"慕课"、"微课"、国家精品开放课程等在线课程资源丰富又易于获得，是一个良好的资源渠道。但是，对于传统高等教育来说，这是一个不小的挑战。而基于网络平台的高质量学术资源为教育公平和均衡发展提供了便利，同时也有效地降低了教育时代的"马太效应"。

在教育系信息化趋势下，如何进行大学英语教学改革是目前应当思考的一个重要问题。

1. 信息化趋势下的大学英语教学改革

在高等教育领域，教育信息化的推进对教育教学过程产生了深远的影响，引发了一系列变革，下面进行简要分析。

第一，信息技术的支撑是不可或缺的。教育信息化，就是指在教育过程中加入信息技术的方式，随着信息技术在教学过程中的广泛应用，教学方式和方法发生了翻天覆地的变化，数字化教学、网络教学等多元化的教学方式不断涌现，在这种情况下，大学英语教学改革的基本前提就是要推动信息化融入教学。

第二，我们需要在教育理念方面进行创新。随着信息技术在教学过程中的广泛应用，整个英语教学过程都产生了重要的变革，在教学的很多方面都需要重新进行架构，如教学的管理方式、教学课程组织、教学评价机制等。

第三，实现个性化教育。由于学习者对不同类型的信息资源具有选择性，也为个性化学习提供了可能。随着教育领域中信息技术的发展，信息化教学平台的广泛应用成为可能，学生可以在信息化教学平台中进行自主学习。在教学中学习对象容易出现知识水平参差不齐的情况，为了避免这种情况，大学可以采用信息化手段对学生的学习层次进行分类，将学生按照学习情况分为几个不同的层面，从而实现个性化教学。

对于高校来说，教育信息化是高等学府教育教学改革中至关重要的一环，在教育教学改革中，高校的教育教学与信息技术的深度交融已成为当前教学改革的主要趋势，教学信息化已经成为当前高校教育教学改革的中心。

在高校教育教学与信息技术高度融合的趋势下，我们的主要任务是以信息技术手段为基础，改革旧的、不适应社会发展的课程教学和人才培养模式，不断推动课程共享机制、跨校选课机制、教学评价机制等的建设与发展。随着社会的发展，社会对大学的人才培养和学生的个性化学习提出了更高的要求，这就要求高等院校不能再故步自封，而是要不断推进大学英语教学改革，勇敢地去探索，从教学的各个方面入手，结合实际教学的情况，选择最适合的信息化教学新模式。

2. 教育信息化趋势下大学英语教学模式发展及现状分析

（1）大学英语教学模式发展

在教育信息化趋势下，大学英语教学模式的发展主要经历了三个阶段，下面进行简要分析。

第一，计算机辅助大学英语教学模式。

所谓计算机辅助大学英语教学模式，就是指在大学英语教学中，计算机处于辅助地位，属于辅助工具，在大学英语教学中，计算机辅助进行教学。英语课堂采用多媒体教学模式，打破了传统单一的教室加黑板的教学方式，可以采用多样化的方式呈现课堂内容，但是这种课堂内容往往也是教材上的内容，教师处于主体地位、学生被动学习的状况并没有得到改变，学生仍然被视为知识的被动接受者。在大学英语教学方面，这种计算机辅助的教学模式并未展现出显著的成效，仍然无法满足现代教育和社会的需求。

第二，网络架构的大学英语自主学习平台。

随着互联网的发展，学生和老师都可以从网上获取到很多的学习资料，在这种情况下，高校可以建立一个大学英语自主学习平台，将建构主义理论运用于高等教育，使大学生可以通过大学英语自主学习平台自主学习，进而完成知识的构建。

近些年来，网络架构的这种大学英语自主学习平台越来越广泛地应用于高校英语教学之中。大学英语自主平台中的模块包含学习平台、资源库、考试测评、讨论区等。与传统的教学模式相比，这种大学英语自主平台的教学模式，能够充分突出学生的主体地位，使学生能够自主学习，提高了学生的自主积极性。

在大学英语自主学习平台中，教师的引导和监督是必不可少的。首先，在自主学习平台中，有相关的英语课程的设置，学生们在学习英语时，必须要首先进行基础英语课程的学习，在完成基础英语课程的学习之后，才能进入到更高层次的学习之中。其次，大学英语自主学习平台具有自动监控设置，如当学生在学习课程时五分钟没有学习状态，那么平台就会认为学生有刷课的嫌疑，计时器就会停止计时。在网络平台上，学生可以随时随地地互相交流讨论，不受时间和空间的限制，全世界各地的学生都可以互相组成讨论小组，互相交流，一起完成学习任务。在大学英语自主学习平台中，教师还可以掌握每一个同学的学习情况，然后依据不同学生的学习情况，因材施教，为他们下达不同的学习任务，教师还可以依据学生的疑难问题进行解答，还可以对整个年级学生的学习数据进行统计、评估，然后将最终的结果作为依据，为学生之后的进一步深入学习提供参考。

大学生英语自主学习平台，让学生可以自主学习，提高了他们的学习兴趣，学生可以主动选取适合自己的学习时间、学习方法，提高了他们的自主学习能力，为终身学习打下基础。

第三，信息技术与大学英语课程教学深度融合。

随着互联网的不断发展，信息技术越来越深入地进入教育行业，与教学相融合。根据教师的指导以及对自身特点、水平、时间和学习方法等的明确，学生可以通过大学英语自主学习平台进行自主学习，并能在平台中及时了解自己的学习进步情况，获得相关信息反馈，然后根据这种信息反馈及时调整自己之后的继续学习策略，以达到最佳的学习效果。这种教学模式改变了学生被动学习的状态，使学生成为课堂教学的主人，充分发挥了其主体作用，提高了他们运用语言的能力。这种信息技术与教学深度融合的模式在许多课程中都得到了广泛的使用，该模式将网上学习、课堂讨论和社会实践有机地结合在一起，提高了学生的学习效率。

（2）大学英语教学改革现状

近些年来，提升英语语言素养已成为培养具备国际化视野的人才不可或缺的内容。大学英语课程作为高校培养高素质复合型应用创新型人才的重要载体，其教学改革也备受关注。近年来，我国高等教育机构进行了一系列程度不同的改革，并初步取得了一些成果。然而，随着高等教育的扩招，高校学生人数增多，社会对于高校学生的素质要求也越来越高，在网络环境下，目前大学英语的教学模式尽管进行了部分改革，但仍然存在着一系列问题，比如对于分级分类教学改革没有深入进行等问题。

目前，我国的分级分类教学在改革方面仍旧不够深入、不够彻底，在国内大多数高等院校中，集体授课仍占据主导地位。这种分级分类教学的方式仅仅是根据高考成绩和专业差异来对高校学生开展教学，划分方式比较粗略。尽管在分级分类教学中进行了部分改革，但是仍旧没有很好地调动学生与教师的主动性和积极性。而且，在高校中往往有很多专业，这些不同专业中的差别也比较大，难以继续进行。

当前，大学英语教学长期面临着四级后教学问题，这是一个很难解决的改革难题，传统的教学模式已经无法解决。这个问题主要就是通过四级考试的学生缺乏学习动力，在通过考试之后，他们往往就没有了之前那种学习的韧劲与态度，在上课时表现不佳，甚至出现缺课的现象。该问题对正常的教学秩序产生了负面影响，不利于其他学生的学习，同时也对教师的教学热情和积极性造成了一定程度的打击。因此，解决这一难题已迫在眉睫。

当前的大学英语教学还有一个问题，那就是没有实现个性化教学，在英语教学课堂上，仍然是以教师为中心，学生的主体性得不到充分的发挥。

基于现有教学模式和教学过程中的这些深层次问题，需要考虑如何把握信息化趋势和"互联网＋"的改革态势，做好面向大学生的大学英语教学改革，即如何给学生分层次、设计灵活的学习机制、实现学生的个性化学习需求等。

3. 基于信息化的分层次教学模式改革

（1）大学英语分层次教学模式构建

在国内高等教育领域，大学英语分层次教学已经基本构建完成，并成为当前大学英语教学改革的主要方向。目前，我国各大高等院校都已经进行了分层次教学，但是如何将这一新模式更好地应用到实际教学中仍然存在着许多问题亟待解决。在各个高校之中，不同高校的分层模型存在着差异。目前大多数的大学都使用了一种以分数为依据划分出不同级别的方法，这种教学模式是基于学生的入学成绩进行分层，并采用流动层级的方式进行教学，其中成绩比较差的学生采用低阶段的教学方式，成绩好的学生采用高阶教学。同时，本阶段的考核结果还会对下一学习阶段的学习层次产生影响。这种分层教学模式对学生的心理产生了一定的负面影响，他们可能会产生一定的抵触情绪，特别是对于那些被分配到"条件较差"班级的学生而言，对于教学的顺利进行和人才的培养会产生一定的阻碍。

目前，这种以入学成绩来进行划分教学的分层教学模式已经无法满足社会需求和学生自主学习的要求，因此，必须要改革这种单一层面的分层教学的方式，从多个角度、多个层面进行分层教学。比如，可以在以下几个层面进行分层：第一，不同的学生对于英语的兴趣不同；第二，英语在不同学科专业中的要求程度存在差异；第三，学生毕业之后所从事的职业不同，这些不同的职业对于英语的需求程度也是不同的。采用多个方面进行英语分层次教学的方法减少了英语教学的盲目性，更加准确、有针对性地对学生进行英语教学，提高了教学效率，同时还能够激发师生的教学热情，有利于培养具备国际化素养和创新能力的高素质人才。

（2）信息化与分层次教学改革实践

目前，随着互联网的发展，我国大学英语也在进行着重要转型，应试教育逐渐向着多元化的应用型教育转型，基础英语教学也应逐渐向着专门用途英语（ESP）转移，这两种英语教学方面的转型，其最终的目的都是要更好地拓展学生的专业知识，为其之后走上社会作准备。高校需要对原有教学模式进行进一步改革，并以满足不同阶段大学生学习要求为主线，构建新型的大学英语教学模式，从而提升教学效果与教学质量。目前国内对大学生英语水平进行分级教学已经成为共识，在分层教学方面的改革也具备了深层次发展的各种要素，为了对学生进行个性化教学，提高其自主学习能力，制定一套适用于信息化平台的大学英语分层模型标准显得至关重要。

要想更好地进行信息化的分层次教学模式改革，高校就要整合各类资源，建立一个信息化平台，使各个层次的学生都能够获取自己需要的资源，以促进资源共享和协作。基于此，高校要设计并开发出一套面向学生的教学资源共享平台，其中包含电子书、文档资料、视频课程、学术视频等多种内容。在这个教学资源平台内，学生可以获取不同形式、不同阶段的学习资料，大大增加了其获取信息的渠道。该系统以网络技术为基础，借助互联网，将各类型教学资源进行集成，形成一个开放共享的网络平台。在这个平台中，可以进行在线课程教学、研究型教学，学生还可以进行碎片化学习等等，课程信息化教学改革得以推进。另外，这个共享资源平台还可以与校内的教务管理系统进行对接，教师与学生可以按照自己教务管理系统的账号进行登录，十分方便快捷。在此基础上，构建以精品课程群为主干的优质教学资源体系，形成多类型多层次立体化教材库，并积极打造基于学科核心素养培养的精品开放课程，促进教学质量提升。学校要积极推进人文社科 MOOC 中心的建设，以满足学校人文社科类课程的教学需求。高校要加大资金投入，进一步完善不同层次的教学课程的开发与建设，以促进课程教学实践的顺利进行。在创建这些分层次教学课程时，要注意突出学生的主体地位，教师只是起到引导作用，学生才是学习的主体，着重培养学生的自主学习能力，提高学生的主观能动性，使他们能够爱上学习。在教学模式上注重发挥网络技术的作用，通过互联网平台构建以学习者自主学习为核心的教学环境，同时还要促进师生、生生之间的学习互动，从而实现教育教学过程中线上线下的有机互补，以达到更高层次的教学效果。

在当今全球化的浪潮中，信息技术已经融合到各个国家的各个行业之中，在教育领域，教育信息化备受各国关注。我国也不例外，将信息化作为推动高等教育现代化建设的重要手段之一。高等教育的开放式发展已经受到教育信息化的深刻影响，这种影响不仅体现在教育理念和教学方式方法等方面，还影响着高等教育的开放式发展。作为高校重要组成部分之一，高等学校英语教学质量的高低，直接关系到人才培养质量及社会对毕业生综合能力的要求。21 世纪以来，大学英语教学改革不断创新，致力于提升各学科专业人才的整体素质和实际应用水平，并朝着更加科学化、系统化的方向不断推进。当前，大学英语教师对教育教学观念、教学模式与手段也进行了不断探索，取得了显著成果，推动了大学英语课程教学改革。然而，从互联网的发展趋势及当前高等教育国际化的需求来看，我国的大学英语教学改革和教育信息化的融合程度并不深入，还有很大的提升空间，同时也存在一些需要解决的问题。比如，网络环境下的教学与资源配置需要一次又一次地在教学实践中不断地调整；一些学校的办学条件没有那么好，师资力量比较有限，跟不上当前学校培养规模的不断扩张等。另外，在一些高校中，教师的计算机技术能力较差，无法较好地使用网络，使其应用于教学之中。

（二）改革的趋势

目前，当今大学英语教学改革的趋势主要有如下几个方面，下面进行简要分析。

1. 逐步下移大学英语基础教育重心，整体考虑我国英语教学体系

随着社会的发展，大学英语教学进行了多次改革，但是在这多次改革之中，大学英语教学的英语使用方面始终没有实现新的突破，而仅仅是在大学英语教学能力培养的层次和次序上进行了变化和调整，这就使

得大学英语教学改革并不彻底。我国大学阶段的英语教学与高中阶段的英语教学在很多方面都有着比较相似的地方，如课程设置、培养目标等。随着中小学、高中英语教学水平的提高，大学英语和高中英语之间的界限变得越来越没有那么清晰了。

小学、初中、高中这三个阶段都进行了英语教学，也就是说，从小学开始，在上大学之前，学生们已经学习了 12 年英语，在这 12 年中，他们对于英语的词汇、语法已经相当熟悉了，对于即将进入大学的学生而言，他们无需再花费更多的时间学习"基础英语"，而是可以在对他们进行轻微的训练之后，就能够直接训练提高他们的外语应用技能和实际国际交流能力，或者也可以跳过基础英语部分的学习，直接开始进行专业英语的学习。这就意味着今后几年中，高校的教学工作重心将转移至专业方向培养上来。因此，目前大学英语教学的趋势就是要将大学英语基础专业教育的重心下移，在整体上对大学英语教学的体系进行考虑。

2. 英语教学同专业结合，走专业化发展道路

当前，我国的高等教育英语面临着一个很尴尬的情境，也就是面临着高中英语和英语专业的双重挑战，这种尴尬的局面让人倍感棘手。随着改革开放步伐的加快，国内经济文化得到飞速发展，社会对于专业人才的英语水平的要求不断提高。因此，为了适应当今社会发展的需要，许多高校都开始重视英语教学工作，并将其作为重点教学任务来抓。但与此同时，大学英语的学科发展空间受到限制，无法得到进一步发展。在这种情况下，要改变这种双重夹击的尴尬境地，就需要将专业与大学英语紧密结合，走专业化发展之路，这样，就能够为自身找到符合时代发展方向的全新路径，同时也能够满足社会

的发展需求。

　　我国未来大学英语教学改革的方向在于培养学生的基本外语能力，同时将英语教学与专业教学相结合，以提高学生的英语水平与专业水平。在目前的情况下，这种结合方式是未来大学英语教学改革的方向，能够真正地实现从"用中学"。

第四章

大学英语教学改革实践

本章主要对大学英语教学改革实践进行了对应方面的介绍，共分为五部分，分别是大学英语语法教学研究、大学英语听力教学研究、大学英语口语教学研究、大学英语阅读教学研究和大学英语写作教学研究。

第一节　大学英语语法教学研究

一、英语语法教学面临的问题

（一）教师方面的问题

1. 教学目标不明确

从目前的大学英语教学进程来看，很多教师的教学方式还停留在传统的方式上，且很难在短时间内改变，所以英语教师教学目标不明确的情况也是时有发生。英语教师有关教学目标不明确的一个误区是他们会想当然地认为语法教学不过就是以自己的方式将所讲解的文章中涉及的知识向学生讲解清楚便可，其他的无须再作进一步解释和说明。从另一个角度来说，就是英语教师在进行教学的过程中将精力都集中在了对语言形式的传授方面，而对最终想要实现的教学目的却没有给予足够的重视。我们都知道，学生进行语法学习的目的主要是为日后的语言交流打基础。如果学生的语法知识不正确，那么形成的句式就会是结构错位的，不仅自己表述不准确，听者也会是一头雾水。

传统教学方式中教师的授课方式通常是介绍教材所涉及的语法知识，然后剖析出重点，在课堂上一一向学生进行传递。这样的方式教师只是照本宣科，教材涉及的就讲，没有涉及的就不去关注。另外由于担心课堂时间的有限性，所讲内容不可能面面俱到，总会有些疏漏，但是英语教师也没有利用课下的时间来对学生展开实际的情境式训练，甚至也很少向学生推荐具有扩展性的课外阅读材料丰富学生的知识面。

2. 教学观念陈旧

教师的教学观念不是一朝一夕就能形成的，英语教师也不例外。我国教师受传统教学模式的影响非常明显，而且时间又非常长，所以就在大脑中形成了一种思维定式。这样的后果就是英语教师在进行课堂授课的过程中往往以现有的模式进行教学，一板一眼地向学生进行语法规则的讲授，然后通过常见的固定搭配来造句，以这种形式让学生掌握所学语法。在这里，教师过多强调的是学生是否使用语法组出了正确的句子，其关注点放在了是否正确上，而不是当前语法表述与所处的环境是否适宜。从这个角度上来说，久而久之就会造成英语教师教学观念上的陈旧，导致教学方式过于机械化而缺乏创新，语法教学就沦为了题海战术的牺牲品。长此下去，学生会不懂得语法的正确使用情境和场合，由此所带来的语法表达或理解上的误差也就可想而知了。

这种与当前的英语教学不符的教学观念主要是因为缺少与之相适应

的教学语境的配合。基于这种情况,英语教师在进行教学的过程中应该向学生展开语法的特定用法介绍,使学生可以在心里彻底弄清楚语法的实际应用情境,然后实现与教学实际的有效结合,使语法教学更进一步得到提升。

3. 语法教学方式单调

不管是什么样的教学方式,只要是有关语言技能方面的教学,如果只是一味地对所要掌握的基础知识和概念等进行灌输,或者是为了巩固所学知识而采用题海战术,都会在一定程度上使学生觉得教学过程是没有任何趣味性的。虽然这种方式在教学过程中会反复地对语言语法知识进行讲解,但是由于学生早就不再感兴趣,所以即使重复一百遍也不会让他们真正学习到心里去。这样的教学结果就是,经过教师的不断讲解,学生似乎在课堂上已经对语法知识掌握好了,但是课下进行练习的时候就会产生这个语法怎么用的疑惑,甚至是几个语法现象出现在一个句子中的时候就不知道该怎么处理了。此外,语法教学方式的单一性还体现在教师对学生的组织练习和批改作业上,如果只是一味地告诉学生哪里错了的单向"指责",而不是让他们懂得如何正确使用的双向互动,就依然无法调动学生的学习积极性,那么语法教学的成效不理想也就可想而知了。

4. 思维能力融合不足

英语教师在进行语法教学的过程中,所面临的问题并不是单方面的,会涉及很多因素,其中思维能力方面的欠缺就是其中一个重要方面。这主要还要源于英语教师的教学方式受传统教学方式的影响比较严重,很难在一段时间内得到有效解决,学生获得语法知识依然是通过教师的单向讲解,而相对缺少进行语言知识锻炼的情境,从而导致学生的整体学习兴致并不是很高。

除此之外，教师在对学生进行语法知识的讲授时，并没有太多关注对学生思维方式方面的刺激。我们可以将其理解为英语教师没有充分引导学生对交际过程中的语法意义和结构上的特点等进行思考。此外，就算是在进行语法学习的阶段也没有提供额外的语法材料来对学习过程进行补充。这样一来，就会使得学生很难将语法练习与智力层面的思维方式联系在一起，长久下去给学生带来的也终将是其对语法学习的兴趣越来越低。甚至教师的这种教学方式还会使学生产生学习误差，他们会想当然地认为语法教学就是记一下语法使用规则，与英语的其他综合能力的使用没有本质上的联系，于是就进一步丧失了对英语语法学习的动力。

5. 对语言情境的忽视

目前，全国范围内开展的语法教学在为语法提供合适的语言环境方面还有很多的不足，由于各地发展水平和师资力量的限制，使得这一问题并不能得到很好的解决。由于没有特定的语言环境，学生就无法长时间地沉浸其中进行学习，就算是可以勉强学习，效果也是不理想的。我们需要明白的是，语法不过是语言学习过程中所涉及的一个方面而已，是一种学习的手段，语言学习的最终目的不外乎还是结合适当的情境解决实际生活中遇到的交际问题。

在进行英语语法学习的过程中我们需要清楚地认识到，最终目的都是为了获得交际能力，其余一切都是为这一目的服务的，都是促进最终目的实现的方式和手段。我国目前的大学英语教学中有一个很明显的现象就是教师在进行教学时将语法知识的意义与它自身所适用的语境完全区分开了，从而导致学生意识上的混乱，他们并不能完全弄清楚语法点和语言情境是否匹配，所以也就相应削弱了学生使用语法知识表达对应情境的能力。

（二）学生方面的问题

1. 缺乏语法的学习兴趣

语法是语言学习过程中不可缺少的一个组成部分，但是由于其具有分类多、使用复杂、需要反复记忆的特点，使得语法教学成为英语教学过程中的一个难点。也正是由于它自身的那些特点，使得大部分学生对它望而却步。曾经有研究人员在对某些高校的大学生进行调查，其中有很大一部分比例学生对英语失去学习的动力是因为语法的牵绊。如果是从这一方面进行考虑，这也在一定程度上对英语教师的语法教学方式提出了更高的要求，传统的讲授式语法教学不仅已不适应学生的学习需要，而且学生已经出现了排斥心理，如果这一问题不能得到很好的解决，就会使得学生越来越不愿意接受语法课程。基于此，教师可以做的包括从学生出发，寻找与其需求相适应的语法教学方式；不断丰富教学过程；提升自身的语法教学能力；采取多元化的语法教学手段等。只有这样才可以在一定程度上使得学生对英语语法的学习产生足够的兴趣。兴趣是一切学习的老师，只有有了学习的兴趣后才可以有下一步发展的可能。

2. 缺乏感知语法的灵敏度

从我国目前的高校英语教学来看，如果学生没有感知语法的灵敏度，对他们在日后的交际中使用语法是非常不利的，就算是进行英语考试也会使他们处于下风。例如，比较常见的就是我们在进行一篇英语文章的书写过程中，如果对语法没有一个全面的理解和准确的认识，就会在组词构句的过程中出现错误，就算是写出了一个句义不同的句子也由于语法知识的匮乏不能及时感觉出来，有时候对于语法的判断也是需要语感的,而语感的形成就在于平时一点一滴的积累中,时间久了就会达到对语法错误的敏锐觉察,而这一切都需要扎实的语法知识来作为前提。

3. 语法知识的掌握不连贯

目前,我国对学生展开英语教学开始得比较早,在经历了前面一系列的基础知识的巩固之后,当学生在进入大学展开英语学习时就不会那么陌生了。虽然学生对知识有了一定的掌握,但是由于没有经过系统的学习和训练,知识点都是比较零散的,没有一个核心。如果对学生展开细致的考查,就会出现答不出来甚至是不知从何答起的情况。导致这一情况的原因归根结底还是大学生原来所习得的语言知识之间没有形成一种概念上的系统性和连贯性,对语法知识的掌握只停留在表面,大脑中完整的立体框架还没有完全建立起来。

4. 科学的学习方法的匮乏

目前,我国的应试教育现象还是比较明显和严重的,虽然相比以前已经有了一些变化,但是整体上依然还是如此。在这样的学习环境下,处于教学中心地位的依然还是教师,学生只是处于被动地接受知识的地位,这导致学生对英语语法学习的兴趣不大,只有在讲到新的知识的时候才会有兴趣去听一听。引发这种现象的原因是多方面的,也不是一两天就形成的。如果从主观角度来说的话,就是学生本身所具有的学习主动性不足,而且也没有得到及时指导和帮助,这些原因共同构成了英语语法教学无法取得进步的症结。从本质上说,大学生已经是独立的个体了,他们基本上具备了自学的能力,可以通过查阅资料或者上网的方式来进行知识的搜索或获得,然后将其应用于自己的实际学习过程中,为语法学习的提升作出贡献。

二、语法教学的意义

大学生进行大学英语学习的一个重要方面就是对语法的理解和掌握，教师对语法的教授能力对学生的语法掌握有着直接影响。在实际英语教学中，语法的教学具有多方面的意义，不可能一一详尽说出，其中具有代表性的意义体现在以下三个层面。

（1）语法教学的意义主要体现在对学生听力、口语、阅读、书写和翻译方面的综合能力的训练和提升。总体来说，就是学生的语法水平与自身对语言的理解能力有着紧密的联系，并对以上五项基本语言技能的综合发展起到促进作用。例如，在一些专业性很强的英语文章中有很多句式结构相对复杂的语句，而学生如果想要正确理解这些句子就需要平时所掌握的一些语法知识的支持。还有就是，如果学生只是机械地记忆了大量词汇，而没有掌握其实际的语境用法，那么对文章的理解也会有困难。从这个层面来说，语法教学是使得语言综合技能得到有力提升的基础。

（2）语法教学的影响方面是比较广泛的，并不局限于上面所说的内容，还表现在对大学生英语口语和听力的影响方面。语法构成了语言向句式转变的基本要素，语法的使用可以帮助大学生在有限的词汇量的基础上造出不可估量的句子形式。从这个角度来说，同时体现的还有进行语言交际的目的，映射到实际的交际过程中就是如果自己一直使用毫无章法可循的语句进行交流，那么就会导致对方无法真正明白自己所表达的意思，那么交流就会无法持续下去。语法教学是以教学任务为基础展开的，在教学过程中适当地融入一些语法知识，既可以提高交流的准确性，也可以使交流更顺畅。

（3）为英语综合技能的持续增长打下坚实基础。语法教学可以在一定程度上缓解语言学习过程中所遇到的不同程度的困难，同时也可以促进语言学习的长足发展。大学生除了要在学校的时候掌握基本的语言知识技能以外，进入社会以后也要具备足够的自我学习和深造的能力。对那些在学校教育过程中打下了坚实的语言知识基础的学生来说，在日后的自学过程中会充分发挥出自己的优势。

总体来说，英语语法教学的意义重大，应该在英语教学中占有重要位置。虽然学生在中学阶段进行英语学习的过程中已经掌握了一定程度的语法知识，具备了相应的英语能力，但是与大学相比其在广度和深度上都远远不能满足日常的交际要求。所以，为了在原有基础上巩固所学知识，做到温故而知新是很有必要的，同时也为进一步深入研究打下坚实的基础。

三、大学英语语法教学的内容与目标

（一）大学英语语法教学的内容

大学英语的语法教学是一个循序渐进和系统性的教学过程，首先应该先从比较基础的用词方式、组词造句开始，然后向更深层次的章法阶段进行过渡。以下就针对这两方面的内容进行阐述。

1. 词法和句法

英语语法的构成包含很多方面的内容，其中词法和句法就是两个很重要的方面。词法分为构词法和词类，句法包括句子成分、句子分类和标点符号三部分内容。

构词法的讨论重点主要集中在不同的词缀及词之间的转化、派生、合成等方面，基于这种情况词类又进一步分为动态词和静态词。只不过需要注意的是这里的动态词和静态词都是相对而言的，动态词包括的是动词以及与其相关的语态、语气等。而静态词也并非一成不变的，其中某些形容词就有比较级和最高级的变化。

　　句子的分类标准也是样式多变的，很难找到其中的规律性：一方面，从句子的结构来说有简单句、并列句和复合句的区别；另一方面，从句子所要表达的语气来说可以分为陈述句、感叹句、疑问句和祈使句。此外，还有主句、从句和省略句的划分等。句子成分的内容也是多种多样的，在此不一一赘述。最后一部分需要注意的就是标点符号，虽然这部分内容相对不突出，但它也是进行句法学习不可忽视的内容。除了上述所说的句法构成的三方面以外，词组的分类、不规则动词和功能也是要考虑的内容。英语语法教学的主要内容如图 4-1-1 所示。

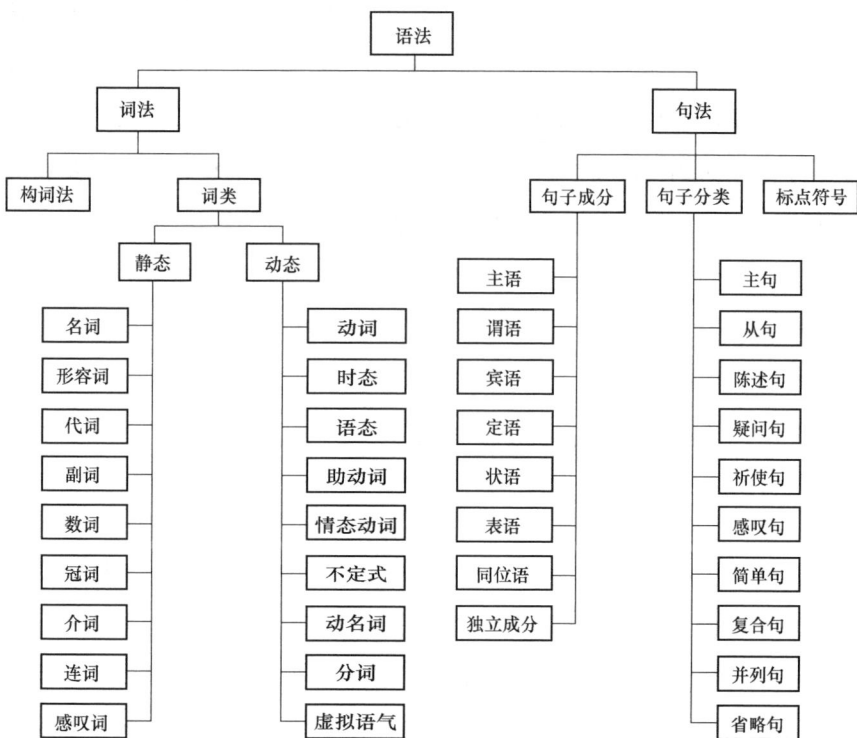

图 4-1-1　英语语法教学的主要内容

2. 章法

当语言学习向更深层次的阶段过渡的时候，相应的具有深层知识含义的教学内容——章法就显现出来了。相对词法和句法来说章法的意义就更为大一些，而且也比较难把握，它也是语法教学中的一个很重要的内容。学生的语法学习是一个循序渐进的过程，需要逐层加深，所以在进行了一定时间的语法和句法知识的学习之后，就对语法的概念就有了初步的了解和认识，接下来再进行有关章法的教学就会显得游刃有余，而且心理上也不会太抗拒。章法在开展教学的过程中可以从语句之间的内在结构和段落之间的逻辑关系上入手，其中有关比较、对照或者是程序方面的词语都与章法的学习有着密切的联系。

我国学者一直以来都致力于对语法知识的研究，在他们对相关内容进行了一定的研究之后认为，英语语法的构成比较多样化，所以就导致了学生在学习过程中往往不能将所有的语法知识都完全了解到，这成了制约学生学习语法的重要因素。从这个层面来说，语法教学必须要设定一个主干方向，所有的核心发展力量都以这个主干为基础展开。而从词法和句法的角度来看，不管是前者的动词形态变化还是后者表现在结构上的位置变化，两者共同构成了英语语法的核心内容这一观点是确定的，而且是不可改变的事实。

（二）大学英语语法教学的目标

我国大学阶段的英语语法目标是在《高等学校英语专业英语教学大纲》的基础上建立起来的，并且以学期为基础进行划分。一学期就为一级，从新学期开始直到大学结束，比较常见的就是五阶段划分法，即入学要求、二级要求、四级要求、六级要求和八级要求五个阶段。每个阶段对大学生所要达到的英语水平的要求是不同的，而且呈现的是逐级递增的要求。

四、大学英语语法教学新方法

在教学改革的背景下，大学英语语法教学也需要与时俱进，进行新的变革以适应时代要求和满足学生需求。所以从目前的趋势来看，大学英语语法教学改革首先需要考虑的问题是在行之有效的语法教学方法的帮助下为英语语言交际服务，以下方法以期为语法教学提供指导和借鉴。

（一）英语语法教学的基本原则

1. 在发现与归纳过程中思考语法特点

目前，我国高校使用的以教学大纲为基础的教材中，语法依然存在不够连贯和系统的问题，其主要就是以单元或节的形式呈现。如果单从语法的角度来说，它们大都是零散的，这对学生掌握语法结构的内在一致性具有很大影响。基于这种情况，教师在进行教学的过程中就需要注意帮助学生进行整体语法上的梳理。对语法的梳理主要体现在同本教材中要以语法出现的先后顺序为基础，并且还要考虑这些语法之间是否存在内部关联性，先学习的内容对后学习的内容是促进作用还是妨碍作用。此外，学生对所学知识的掌握程度和使用情况也应受到教师的关注。这些语法内部的结构性逻辑，都是语法教学过程中要注意的内容。

2. 在意义化的语言运用中初步理解和掌握

在初步掌握了语法内部的各种关系之后，还需要进行考虑的就是学生原来所处的环境、自身知识储备和教材之间是否有着内在联系。教师在综合考虑了这些因素的影响之后就会在实际制订学习计划的过程中将这些因素充分考虑进去，找到彼此的契合点，以恰当的主题引导学生学习，实现教学与实践的一致。

一种语言的教授过程主要涉及两个方面，即学习者必须使用语言和学习者必须要在某种具有特殊意义的方式的帮助下经历语言学习的过程，两者构成了语言学习的重要因素。当然，这并不意味着教师不应该教授有关语言的知识，只表示教师不可以以语言知识的教授代替语言技能的教授。同理，我们不可以将语法教学看成是纯知识的教学，它应该是与一定的外界环境结合在一起进行的。语法教学的意义应该是在完成教学任务的同时让学生懂得不同的语言在语言结构中的功能和意义。从教学内容的层面来说，教师应该尽可能地满足学生的学习需求。在学生需求得到满足以后，根据现有的教学条件，以学生的实际知识储备为出发点，在教学过程中对学生提出更高层次的要求。

3. 在语言综合运用中灵活掌握

教师在教学中使用的教学方法应该是多种多样的，而不应该将注意力集中在一种方法上或者是极力寻找一种最优的方式上。通常来说，教学方法是没有严格意义上的好坏之分的，主要还是要看所选用的方法与要解决的问题所处场景之间是否适用。在实际的英语教学中，只要教师选用的教学方法对学生可以达到实现学习的目的，对教学就是有益的和适合的。

此外，如果要想将教学的重心转移到以学生为中心上来，就需要师生共同构建一个教学环境。还需要注意的一点是，在语法教学中无论在选择教学内容还是选择教学方法的时候，将注意力只放在一个关注点上是不可取的，要将学习语言时所用到的听、说、读、写过程全部运用起来并实现有机融合，这样它们就共同构成了语法教学的基本要素。再者，教师在进行语法教学的过程中所使用的案例也尽可能是具有完整背景的篇章或段落，这样可以保证学生从一个更加宽泛的角度整体理解文章的内容，不至于产生片面的观点。在这个过程中，教师要尽可能地绕过这样一个误区——单纯列举某一具有代表性的句子进行语法分析。不可否认的是，采用典型例句作为材料进行语法分析具有一定的指导性，也因其具有的简单清晰性能使学生更容易理解，但也正因为其过于简单化也使得学生在实际运用中无法做到举一反三。

（二）英语语法教学的方法

1.语法新授课：间接语法课与直接语法课

在英语课堂教学中，语法课有语法新授课和语法复习课之分。语法新授课又可以继续分为两类：第一类是融合在各种英语技能中的一种以隐性特征进行的间接语法教学，其主要是以培养学生的语言能力为主，将语法教学放到了次要的位置。如果进行严格意义上的划分，这种类型的课是不属于语法课范畴的，但是它属于英语课堂教学的一部分，因此将其归到了语法教学研究的内容上。第二类主要以语法教学为基础而将有关其他能力的培养放于次要位置，这是一种真正意义上的直接语法课，而且在语法教学研究中受到较高的关注。

在间接语法课中，教师的教学设计中就包含了语法的教学任务，学生学习语法需要在教师的帮助下进行，教学方式通常会选择那些经过教师创设或者是在特征比较明显的情境中开展。

如果学生对一个曾经出现多次的语法现象已经有了相当的了解，但是其深刻的意义还没有完全弄清楚，这就为直接语法教学的应用提供了条件。我们也可以将其理解为由于学生自身原因的限制，即使是面对相同的教材，他们的理解程度也是存在差异的，这也决定了是否可以采用专门的语法教学，甚至是学生是否需要就语法现象向老师寻求帮助。在现行的大学英语教材中，内容上还主要强调其功能性，语法知识是融入文章内容中的，这就导致了学生学习英语的过程是先感知，然后再是认知。基于这种现状，大学英语教师用了一个还算比较贴切的词来形容这种状态：不尴不尬。大学英语教师之所以这样形容学生与语法教学之间的关系，我们可以从三点来看：第一，由于每个学生自身条件的不同，那些成绩相对比较突出的学生对于多次出现的语法问题已经可以准确认知并合理利用了；第二，虽然经过一段时间的语法学习，有很大一部分同学可以实现很好的口头利用，但是由于他们实际上还是缺乏一定的对使用原则的真正理解，因此在使用的正确性方面还是存在一定的不足；第三，从积极方面来考虑，它为教师提供了一个可以利用的资源库，以此为基础教师可以充分调动学生的学习积极性，让学生在已掌握知识的基础上自己归纳出规律并适当加以拓展，使自己的知识获得全面发展，为日后的学习打下基础。另外，学生之间存在的差异也是进行语法学习的有效资源，当在课堂中遇到无法解决的难题时，可以组织学生开展小组讨论，形成组内互助，不断提升学生的学习能力。

2. 语法复习课：单元复习、阶段复习和专项复习

通常语法复习课都是通过专题的形式来体现的，我们可以从时间维度的角度将其进一步划分为单元复习、阶段复习和学期各类专项复习。

单元复习法相对其他形式来说是比较简单的，也是基础的阶段，其作用就是巩固前面所学和为学习新知识作准备。现在比较常见的一种教学英语方法是课内与课外相结合的方式，也就是课下自己先学习，概括出单元中所涉及的重点和难点问题，在随后的课堂活动上大家再集思广益进行交流。通过大家进一步的讨论，会加深学生对知识的印象并提升自己的认知。

对于后面的阶段复习和学期专项复习中的语法课，通常体现在综合性的语法比较上，换句话说，就是可以将语法复习课概括为比较、概括、

归纳和总结四个方面。采用这四种方法的目的在于可以在一个相对完整的环境中去理解语法现象中存在的异同点，这都是为实现教学目标而作准备，是为了更好地运用语言奠定基础。

学生需要认识到的是归纳和总结的目的在于提升自己的自主复习能力，而从教师的角度来说，需要在正式的课堂教学活动开始之前帮助学生预习相关的语法规则及适用的条件等内容，以便在进行课堂教学时可以提出有针对性的问题，有的放矢。比较方法的运用主要是为了使学生的语法可以与具体的语言环境相适应，主要分为内部语法现象之间的比较和母语与所学语言之间的语法比较等。通常来说，英语与汉语之间的语法比较是很宏观的，因此在课堂教学中几乎不会出现以显性教学为基础的内容，两者之间采用的是以英语为主的内部语法比较法。

从教师的角度出发，在进行教学设计的过程中，如果想尽可能地提高学生对语法复习课的掌握能力，采取比较的方法对语法现象进行描述是非常可取的。这里说的准确的描述主要有两个方面的内涵：第一，教师要对比较的语法现象做到心中有数，找出英汉语法之间的异同点；第二，要对两者之间容易出现分歧的地方有一个整体认识，以便可以及时制止错误或者是提前意识到错误而将错误率降到最低。任何的有效比较都是建立在对比较的准确和有意识的描述前提下的，两者相辅相成，只有描述得越透彻，比较距离成功也就会越近。例如，如果要对一个动词的一般过去时和过去进行时进行比较，我们首先要做的就是确定这两者之间的时间维度，这是两者之间共同存在的一个要素，这也是学生最容易产生混淆的地方。但是如果想要从根源上解决与时间相关的问题，就必须要弄懂时间后面所代表的时态。举个简单的例子，如下例句子所采用的时间都是相同的，即"last night"，但是赘句的核心在于动词的时态上：He read the book last night（他昨天晚上读完了这本书）；He was reading the book last might（他昨天晚上一直在读这本书），从翻译上我们可以看出，前一句主要强调的是读书这个动作已经在过去完成，而并不在意这个过程到底持续了多久。而后面的句子从翻译中可以看出，强调的是动作在某一时段内的持续性，而完不完成并不是关注的重点。如果再讲得深入一些，就是对动词的一般过去时、现在完成时和过去完成时的比较，此时就不能单纯地只将重点放在对时间的关注上，更重要的是弄清动作完成、存在的状态与时间之间的关系。如果可以将这之间复杂的关系认清，那么教师在准备教学内容的时候就会更加游刃有余。

第二节　大学英语听力教学研究

一、大学英语听力策略培训模式

听力可以帮助人们获取知识和信息，也对外语学习有很大帮助。听力是一种可理解性输入途径，可以对学习者获取语言输入和其他信息的数量及学习者对说、读、写三项语言技能的掌握和提高产生直接而显著的影响。听力由于其对信息交流和语言学习的重要影响而被纳入我国大学英语教学核心内容。近几年的听力教学研究中产生了以"策略为基础"的听力教学法，开始注重在听力教学活动中应用和教授策略学。策略教学法是要教会学生在听力理解时熟练运用学习策略，让学生通过运用这些策略来提高听力技能和听力水平。

研究听力策略的最终目的是培养学生对策略的应用，关于这一方面，主要有八个学习步骤。

（1）对学生和培训的需求要清楚了解。

（2）要选择一种适合实际情况实施的策略。

（3）要充分考虑学生在培训中所能学到的知识。

（4）要清楚培训的目的和动机。

（5）要进行材料的准备和活动的策划安排。

（6）要将具体的策略培训付诸实践。

（7）要对培训过程和培训结果进行评价。

（8）要对培训中出现的不足进行修正。

基于上述八个学习步骤，我们制订了四步策略训练模式。

（一）判断学生的策略需要

首先要进行的是对学生的需求进行了解和评估，这一步非常重要。在进行策略训练时要注重针对性，要充分考虑学习者的需求，不能单纯地对他们灌输一些所谓的"好的策略"，要根据每个学习者的实际情况和学习类型采用不同的学习策略，这就要求在培训前对每个学习者进行调查和评估以选择恰当的策略进行培训。在开始培训之前，教师要充分了解学习者的听力水平、学习方法和风格及平时常用的学习策略和想要使用的学习策略，在教学过程中做到针对性教学。在进行策略培训过程中，要充分了解学习者在学习过程中所缺少的策略及找到学生在学习中遇到的困难，这些是使策略培训更有意义以及对策略培训有效性进行评判的前提。在拟定培训计划时要从学生的实际语言水平出发，调整培训计划的难易程度，采取多种训练方式，如在实际培训过程中采用集中培训、分散培训和个别指导相结合的训练方式及短期计划与长期计划相结合的形式。先确定一个短期计划并实现，再进行下一个短期计划的制订，最后实现长期计划，形成一个良性的培训循环过程。在策略培训的过程中，材料的选择也很重要，在学生拟定好合适的计划之后，教师根据学生的实际语言水平和其使用的学习策略去选择一些适合培养策略的听力材料，要针对策略的教学选择适合的、对应的材料，也可以采用另一种方法,即对统一规定要求的听力材料进行归纳总结和重新编排,或在完成现有内容之后根据学生对策略培训的需求进行内容材料的增添。

(二)实施控制性策略训练

为了让学习者找到最适合自己的学习策略并掌握策略的具体实施方式,对相关学习策略的可操作性和效果进行充分的了解以提高对各种策略的综合运用能力并摒弃单一思维模式,就要对策略进行介绍和示范。在进行听力策略培训之前先要介绍这堂听力课即将学习的内容和实施的策略,教师应将策略方法的具体内容及这种策略的使用情境向学生描述清楚,在必要情况下为了使学生对策略学习形成更直观的感受可以进行策略方法的示范教学,之后再让学生收听特定的材料,在具体的听力训练中对教师的策略示范进行练习。在策略的培训过程中要及时获取学生的学习情况反馈,针对学生的策略学习和运用情况对训练的进度和策略内容进行调整并纠正学生在训练中的错误和不足。

(三)评估策略训练

在完成听力训练活动后,教师要让学生对策略训练的成果即学生对于策略的使用状况进行自我评估,分析使用策略时的情境、实施方法及自己的心理变化过程和对听力目标的完成情况。在对训练进行评估时学生可将自我评估、教师评估和同伴评估三方面的评估结果相结合,通过评估的结果建立一套适合自己实际情况的评价标准体系,学会独立判断自己的训练进度情况,不断挑战自我、肯定自我,增强学习的信心和自主能力。在策略训练过程中,教师要在每个阶段结束后帮助学生了解训练前后的学习成绩以清楚到底是哪些策略对某项语言技能起到作用并找到最适合自身的训练体系,帮助学习者打牢之后学习的基础。

（四）修订策略训练

策略训练中的计划是保障训练成功的关键。教师要根据学生反馈的具体情况提取出有参考价值的意见并据此对策略训练进行修订和完善，这相当于又回到了了解学习者需求的步骤。

总而言之，进行听力策略训练可以提高学生的听力理解能力和学习能力，增强对听力理解活动的自信心并克服或降低焦虑感。听力策略的训练还在长时间内对学生的学习态度和自主学习能力有改善作用，从以上对策略训练的步骤及方法的可行性分析来看，将听力策略训练加入我国大学生英语听力教学是完全可行且十分必要的。

二、大学英语听力教学中的策略

在经济全球化发展的背景下，作为通用性语言的英语受到了广泛关注，对大学英语的教学改革力度也在不断加大，并取得了一定的成效。然而大学英语教学中的英语听力教学却始终没有得到重视和加强，由于英语听力教学模式陈旧，在这样的教学模式下产生的教学效果也不理想。因此，要想提高大学生的英语听力水平，就要求每一位大学英语老师转变教学观念，认真思考和探索英语听力教学问题，以大学生作为教学活动的中心和主体，帮助大学生独立构建知识体系。本节将对大学英语的教学现状进行分析，提出对大学英语听力教学改革的方法与策略。

（一）大学英语听力教学现状

1. 课程设置不合理和班级规模大

在平均每周一个课时的情况下，大学生的英语听力能力很难得到提升，这也导致学生的口语能力训练得不到重视。英语口语与英语听力之间联系紧密，因为人们更容易理解自己所要表达的内容。传统意义上的大学英语老师只注重教学任务的完成，仅仅完成了语法和单词的教学，却对学生的口语训练关心不够，导致学生即使在视听说课上也很难对口语能力进行训练。另一个导致学生口语能力和听力能力差的原因是班级规模过大，教师来不及在较短的课时时间中对每个学生进行口语和听力训练的指导与评估，部分学生也对自己的英语听力理解能力和口语能力的提升不是很在意，在课堂上注意力不集中，英语听说能力也得不到提升。

2. 学生缺乏英语学习的积极性

大部分的大学生已经经历过许多年的英语教育，但是他们仍然不能找到提高自己英语听力的方法，因而在英语学习过程中缺乏积极性，产生畏缩感，出现懒惰心理，学生在学习英语时不敢开口，口语能力停滞不前，对于单词的掌握也不是很乐观，对单词的读音掌握更是惨不忍睹。这导致在听力练习时学生无法辨别单词，听力理解能力的提高也十分缓慢。由于大学生在平时缺少对国外书籍的阅读和了解，不能将原有的中式思维转变为西式思维，在考试时也就很难答对问题。

3. 传统听力课堂教学模式陈旧

在进行英语听力教学时，教师仍然在沿用传统的以讲解单词和语法及应试技巧为主的教学方式，使学生只能被动地接受知识，学生在课堂上缺乏主观能动性，学生的主体地位被忽视，在这种模式下产生的英语听力教学效果也不会太好。

（二）大学英语听力教学策略

学习策略是外语听力策略的理论基础，外语听力策略也是一种学习策略，它与学习策略一样，都可以分为元认知策略、认知策略和社会/

情感策略三大类。

1. 元认知策略

元认知策略主要包括计划策略、集中注意力策略和监控及评估策略，是一种学习者针对要顺利完成学习任务的目标所进行的计划、监控和评估活动。

（1）计划策略

《高等学校英语专业高年级英语教学大纲》（试行本）[①]中要求的听力水平标准是：二级要能做到听懂慢速的 VOA 新闻广播；四级要做到能听懂中等难度的听力材料并理解材料的主要内容、体会作者在材料中表现出的态度、情感和意图，能理解正常语速下的 VOA 和 BBC 新闻的主要内容。学生在学习过程中要根据自身实际情况制订目标，可以先制订短期的目标，中期和长期的目标可以根据大纲要求来制订，语言掌握水平较差的学生可以先进行单词发音的听力练习和辨别练习，逐步弄清楚在听辨练习中容易混淆的单词和音素，之后再循序渐进地进行连读、爆破和弱读等语言技巧的学习和训练；对于语言水平相对较高的学生，可以通过每周听写慢速新闻来提高掌握水平。在制订好计划并确立之后，学生必须认真完成相关任务，要在一段时间的学习之后将作业提交给老师，由老师对学生的听、写作业进行批改。

（2）集中注意力策略

集中注意力策略是学生在进行听力理解策略学习中的一个重要内容，策略包括两方面：一是需要学习者在听的过程中集中自己的全部注意力，二是要学生在听的过程中对重点内容进行选择。学习者在听的过程中要注意时刻保持注意力集中，不要中途自顾自地停在对某个单词的

---

① 高等学校英语专业英语教学大纲工作小组. 高等学校英语专业高年级英语教学大纲: 试行本[M]. 外语教学与研究出版社，1990.

理解和某个内容的思考上以免跟不上说话者的思路，同时也要学会在听力内容中选择重要信息进行重点关注，要能分清信息主次。

（3）监控策略与评估策略

监控策略指学习者在学习过程中对自己制订的短期目标的学习进度、学习方法及学习效果、目标完成情况等方面进行自我监控，如对自己学习内容的理解程度、对自己采用的学习策略的利用程度和学习过程中的学习效率等方面进行有意识的监控。自我评估策略是指学习者对于自己的学习过程进行总体评估，在回顾学习过程的同时掌握自己对学习材料的理解程度，在经过一段时间的听力训练后也可以通过自我评估了解自己的听力水平有没有进步。

2. 认知策略

认知策略与具体的语言学习任务直接相关。认知策略对学生的语言学习和听力水平提升的效果非常显著，可操作性也较强。听力训练中的认知策略可分为预测和联想、运用材料关键信息和语法知识、做记录笔记和推理等。

（1）预测

学生要能做到根据听力材料的已知信息如材料题材、语言内容进行预测，这样能大大提高学生在听力训练或听力测试中的效率，对于提高某些只放一遍的试题的正确率也有很大帮助。学习者在听力过程中会不自觉地在心里将材料进行预测、信息筛选、理解和总结，而不是简简单单像录音机一样只接收语音信息。随着学习者听力理解水平的不断提高，这种心理层面的加工能力也会不断提高。

（2）联想发挥

在听的过程中结合自己积累的生活常识等相关知识对听力材料进行辅助理解。

（3）关键词句

关键词是指听力材料中能了解材料故事所处环境和特征的词语或者某些带有否定意义的副词、形容词、代词、转折词、连词等，关键句指的是听力材料中某些能够表达主题内容或体现关键信息的句子。

（4）语法知识

在听的过程中通过运用虚拟语气、定语从句等语法知识找到材料中的标记词，或者通过对材料中的长难句进行分析来辅助理解文章内容。

（5）记笔记

记笔记之前要知道所要记录的内容，明确记录方法。根据所要记录的内容选择记录方法，如是要画图记录、列提纲记录，还是要边听边记或是听完一段话之后再概括记录。这种方法可以帮助学习者对材料形成新的理解并减少短时记忆内容，以便学习者对接下来的材料进行理解学习。在解决听力问题时经常能应用到认知策略，如在概括某一段落的中心思想时可以画树状图、在解释复杂工艺流程时可以画流线图等。

（6）推理

在判定谈话者的谈话地点和关系时可以根据背景声音、谈话者说话的语调、谈话者的态度和语气等非语言信息进行推理；在听、写训练过程中或做单词填空题时，可以根据自己听得懂的内容和题目中给出的信息对未知的单词进行推断。

3. 社会/情感策略

社会/情感策略是指学习者通过与别人交流而实现语言学习水平的提高，或者对情绪控制、消除不安疑虑等不良情绪有帮助作用的策略。

（1）社会策略

听力理解学习过程中的社会策略主要是指学习者与他人的交流合作以及对某些问题的解释澄清。学习者在学习过程中吸取他人的学习经验或者与他人交流学习方法，这些都是学习者与他人的交流合作。从这个角度来看，社会策略与自我评估策略有些相似，但是评估策略主要是自己对自己的学习情况进行评估，社会策略指的是学习者与他人沟通合作及学习他人的优秀之处、吸取有用的经验等。

（2）情感策略

听力理解学习过程中的情感策略指的是学习者在听力训练过程中对自己情绪的控制和心理状态的调整并使自己达到最佳的学习状态的过程。情感过滤假设中提出，学习者在紧张焦虑、缺乏信心的高强度情感过滤条件下不易于提高自身的语言水平，学习者会处于一种学不会就放弃、听不懂就不想听的状态，而如果学习者在消除焦虑的低强度情感过滤条件下进行学习，就能得到较好的学习效果。所以，学习者要学习运用情感策略，学会控制自己的情绪、调整自身心理状态，明白情感策略在学习过程中的重要性、教师也要帮助学生调整心态、减轻焦虑，缓解学生的心理负担和心理压力，让学生发挥出自身的实际语言水平，充满信心地进行听力学习，提升自己的听力水平。

（三）素质教育背景下改革大学英语听力教学的途径

现代社会的竞争越来越激烈，对于相关从业人员的英语水平也有了更高要求，所以提高大学生的英语听力水平是非常有必要的，具体可以采取以下措施。

1. 激发学生英语学习积极性，建立良好的师生关系

作为英语学习过程的主体，学生在英语学习过程中的兴趣和积极性对于其自身的英语水平提高有着很大影响。因此，进行教学过程的第一

步，就是要求教师与学生建立起平等、互信与合作的师生关系，既要使学生消除对教师严肃古板、高高在上的刻板印象，也要保持教师一定的权威性。事实说明，学生会对他们喜欢的任课教师所教的内容更感兴趣，教师与学生之间情感和心理交流密切顺畅，学生的学习效率会大大提高，教师也能获得良好的教学效果。教师在教学过程中要营造一种轻松愉快的学习氛围，这就要求教师与学生建立起平等关系，避免使学生产生紧张焦虑情绪和抵触情绪，这样才能让学生认真听讲，也敢于表达。有研究指出，学习者的学习成绩与学习时的情绪密切相关，在学习过程中，学生的情绪越高涨，积极性就越高，学习效果也越好，相反，如果学习者在学习时紧张焦虑，那么学习效果也会大打折扣。此外，教师还应该展现出自己的专业素养和业务能力，保持一定的权威性，让学生自觉完成单词记忆、语法练习等学习任务，对教师产生信任。还应该注意的是，教师必须及时表扬和鼓励学生，增强学生的学习成就感和信心。

2. 大学英语听力教学的有效途径

（1）课前准备

在进行正式的教学授课之前，学生应该借助网络、书籍和杂志等途径收集与即将学习的内容相关的资料，进行预习，在将收集到的资料分类整理之后与其他同学进行交流分享或通过 PPT 演示进行课堂展示。教师也应该在课前收集一些与听力材料有关的历史、地理、文化等内容并以图片或视频的方式进行介绍，在学生对预习内容进行陈述后，教师要进行补充，通过幽默风趣的语言让学生更快速高效地接收信息，这样可以让学生提前了解听力材料的主要内容，在进行听力训练时也能理解得更快更透彻。学生在课前查阅资料和课上进行课堂展示的过程可以让学生自学掌握与听力材料有关的单词和句式，学习获取到更多的知识，另外学生们也可以在与其他同学的交流过程中锻炼自己的口语能力和听力。在这样的课前准备环节中，学生的学习兴趣会被激发出来。

（2）课堂教学

① 培养学生听力技巧和正确的听力习惯

在进行课堂教学时，要向学生传授听力技巧并引导学生养成良好的听力习惯。学生在进行听力练习之前，首先要认真审题，预测练习中可能会听到的问题。在日常听力训练中，教师要帮助学生站在说话人的角度揣摩推测其真实意图，抓住材料中的关键词句和信息，让学生注意思维方式的转变。

② 结合听力材料的话题进行口语训练

正如上面所提到的，以往传统的大学英语听力教学模式过于陈旧，只强调培养学生的听力技巧而忽略了学生的口语能力的提高，在日常的授课中，学生进行口语练习的时间非常少。教师在进行英语听力授课和综合能力授课时要摒弃这种重视听力而忽视口语的做法，在课堂上要给学生留出足够的口语练习时间。在进行口语练习时，可以选择与大学英语四级考试密切相关的话题，即大学英语四级考试中短对话、长对话和短文所涉及的话题。可以让学生运用历年考试中与该话题相关的词汇进行小组活动，编写一段对话并进行练习，在编写对话过程中要求学生注重编写情节的完整性，要有合理的起因结果。在编写的对话中要多运用大学英语四级考试中重点考查的倒装句、强调句和虚拟语气等，进行演练过后在课堂上进行现场表演，再由老师和其余同学对其表现进行评估，主要是点评对话的内容和对话时的发音，以此让学生了解并改正自己出现的问题。学生也可以对表演的同学进行提问，由表演的小组成员进行回答，经过这样的交流之后，学生们就能对听力材料中出现的这些单词的读音和含义很快识别掌握，经过长时间的锻炼后，学生的英语听力水平就能得到相应的提高。

③　自上而下与自下而上双向方式提高听的能力

在英语视听学习中，教师要先培养学生对于整篇文章的理解能力，让学生在视听过程中抓住细节以对文章有更深刻的理解。在实际的教学过程中，教师首先要通过播放视听材料让学生把握文章整体内容，避免学生将注意力放在某一个单词或者语句上，让学生真正参与到交际过程中。在这个过程中，学生利用自身具备的知识对文章总体进行假设、思考、判断、证实方面的讨论，教师对听力材料的总体内容进行提问之后，再向学生解释其中的难重点。

④　利用英文歌曲进行教学

在英语听力教学中，可以采用英文歌曲教唱的教学形式。大部分学生都很喜欢歌曲这种艺术形式，选取一些歌词难度适中、节奏舒缓的英文歌曲作为让学生进行听写练习的听力材料，可以有效提高学生的学习积极性。利用英文歌曲教唱这种教学方法不仅可以纠正大学生英语单词的错误发音，还能营造出轻松活泼的教学氛围以缓解学生的紧张情绪。

3. 课后自学

教师应该鼓励大学生在课后自学，可以在课余时间对课上所学的内容进行复习，学习新单词以扩充自己的词汇量，也可以根据自身实际情况练习自己语法掌握较为薄弱的环节。此外，学生还要多多阅读国外的杂志、新闻报道及名著，多听英文歌曲，多看英文电影，多浏览国外学习类网站等，扩充自己的英文词汇量。

三、大学英语听力教学的方法

英语教师在进行英语教学的过程中，要同时考虑到教学内容和教学对象，不能局限在对教学法理论的纯理论教学上，要结合教学实践情况运用不同的教学方法方式，帮助学生了解并掌握英语的语言规则，在日常的交际生活中将语言作为一个交流工具，这样在满足了学生英语学习需求的同时，也能使教师自身的教学组织更具有自觉性和创造性。

就英语听力课来说，传统的教学法依然占据主导地位。同时，教学实践也不断证明不同教法都有自己的优点和缺点，都需要不断更新。

例如听说法。听说法是一种与语言学理论联系最明显、最直接的教学法。它建立在美国结构主义语言学的基础之上，以行为主义理论为基础。

这种方法认为语言的学习是一种通过刺激-反应-再刺激的反复刺激和反应最后形成习惯的过程和行为。

听说法要求学习者在学习一门语言时要重视听和说，其次才是读和写，利用以上所述的心理学刺激反应理论，通过反复的口语训练和强化，最终形成一种习惯，能做到流利使用外语进行沟通，进而掌握这门语言。听说法课堂上要由外教进行教学，或者通过播放由外语母语者录制的磁带让学生进行反复的听力练习和模仿，在进行听说训练时尽量减少汉语的使用，只接触地道的语音、语调。听说法的教学以口语练习为主，以句型或结构为教学大纲，强调让学习者进行语音和语序训练，重视对正确语言的模仿。美国在第二次世界大战期间广泛使用听说法这种教学方法，教学效果也十分不错。

在中国的教学实践中，这种方法遇到了困难，目前很多学校无法保证学生的英语课有外教参加。为了弥补这一情况，教师可以为学生提供难度适当的英文录音并督促学生反复模仿其中的语音和语调，以改善口语发音问题。

再例如视听法。视听法也是基于结构主义语言学，由英国的语言学家所提出的一种教学法。

视听法又叫情景法，是在听说法的基础上与一定的情景相结合，在一定的情景中进行听说训练以获取外语整体的声音和结构的感知。

视听法在组织听说训练时主张多利用电教设备，结合视觉形象和听觉形象教学。在听力教学过程中，这种教学方法主张引入多媒体教学，这让视听法在我国颇受欢迎，市面上也有很多相关的教学材料。听觉形象对学生的语音、语调、节奏和遣词造句的能力及习惯的养成有着很大的帮助，视觉形象则有利于学生对于学习内容产生思维形象，使学生掌握外语的过程更加自然和牢固。听说法强调在教学过程中使用实物辅助教学以让学生了解到自然习得语言的重要性，但是在实际的教学过程中，这种方法所应用的实物都因为过于简单和具体而不能满足现实教学中的复杂情况，难以与学生的实际需要相匹配。从这个角度来说，视听法要比听说法更加注重创设实际语言环境。

视听法也有一定的缺点，例如这种方法过于强调语言的形式和整体结构，而忽视了对学生交际能力的培养和对语言的分析、讲解和训练。

交互式教学法，又被称为互动教学法，这种方法是一种与时代相适应的教学理论和教学策略。交互式教学法主张在教学过程中以学生为主体，以教师的引导作用为主导，让学生积极主动参与组织教学的各个环节和教学活动的整体过程。在让学生真正成为教学活动主体的同时，也要强调教师的引导作用在教学过程中的重要地位，做到教师与学生以及学生与学生之间的互动交流。交互式教学法的目标就是在教学过程中以教师为主导、以学生为主体，将教师与学生、学生与学生、人与多媒体之间通过互动形式联系起来，实现双向的交流互动。

互动就是两个或两个以上的人之间通过相互传递思想感情信息、相互交流沟通并互相产生影响的过程。在培养学生交际能力时必须在其中融入互动这个过程，这也是当前十分流行的交际英语教学理论的教学核心。教师和学生之间存在着大量的信息交流，这种交流从信息交换的角度上来看是一种双向的交流。

要想改变当前大学英语听力教学中仍然以教师为中心的传统教学状况，在大学英语听力教学模式中应用交互式教学法是有其必要性和重要意义的。交互式教学模式摒弃了传统大学英语听力教学中以教师为中心的教学模式，将教师在教学过程中的角色由课堂的整体控制者转变为课堂的参与者，提高了学生在教学过程中的主动性和教学参与性，强调形成教师与学生之间的交流互动，提高了学生的英语听力学习效果和教师的教学效果。

随着英语教学实践中引入越来越多的教学辅助工具，传统英语教学法也在中国的英语实践中焕发出新的活力，孕育出新的教法。当前外语教学法的理论研究与实践探索的新趋势是理论的折中化和实践的个性化，目前的国内外语教学领域中对于各种外语教学方法普遍采取折中主义态度，这已经成为一种普遍趋势。因此，新时代背景下的英语教师要提高对英语教学方法的发展及应用新趋势的了解。

四、以网络多媒体为依托的现代英语专业听力教学模式建构

网络多媒体技术在现代英语教学领域得到了越来越广泛的应用，作为现代教育技术的代表，网络多媒体教学技术已经在现代英语听力教学中发挥着巨大作用。在过去的几年里，一些国内外相关研究人员对应用了多媒体网络的教学课堂与传统的课堂各自的教学效果进行了比较，结果表明，多媒体网络课堂的教学效果要远远优于传统课堂得到的教学效果。在当今互联网广泛应用于大学教学的背景下，本节站在听力的角度，以提高学生的综合英语水平和学习自主性为目标，对英语专业听力教学质量和学生听力水平的提高进行研究。

（一）理论基础

语言学习是一种自然而然的学习过程，在学习第二语言的过程中，学习者要按照儿童学习母语的方式去学习这门外语，语言学习的方法只有一个，那就是接受可理解的语言输入。可理解输入是一种比学习者目前已经掌握的语言能力难度稍大的并且学习者可以接触理解的语言材料，即"i＋1"："i"指的是学习者目前已经掌握的语言知识和学习者目前已经形成的语言知识体系，"＋1"指的是学习者现在的语言学习情况与下一阶段语言学习情况之间的距离。学习者所能接触到的语言材料要符合"i＋1"的概念才会对学习者的语言学习有推进作用。

建构主义学习理论将学习过程定义为一种学习者主动选择的过程，学习者在自己的已有知识和经验等认知结构基础上，参考自己的需求和兴趣主动对外部环境的信息进行选取、加工和处理。知识是学习者通过学习过程建立起来的一种统一体，学生通过利用可接触到的学习资源，在特定的情境或文化背景和来自他人的帮助下，完成对知识体系的主动构建。因此，学生在认知过程中处于主体地位，而不仅是被动接受外部信息刺激的人员，教师只能是学生知识体系建构过程中的组织者、指导者和协助者。

输入假说与建构主义相互补充形成的理论是提高现代英语专业听力教学效果和英语专业学生综合英语水平的重要基础，这两种理论都指出原有知识体系是获得新知识的基础，但克拉申的输入假说只强调外在输入的重要性，对新旧知识之间的相互作用关系涉及甚少。事实上，新旧知识都是由主体重新进行构建的。建构主义的相关内容正好对克拉申的输入假说中"重输入、轻输出"的不足之处进行了弥补，其强调的是学习者在语言学习过程中的主观能动性、交互合作性和目的实践性。

网络多媒体技术包括计算机、录像机、录音机、投影仪和教学软件等多种媒体，能够保障输入假说和建构主义理论在教学中的应用，在网络多媒体技术营造出的具有丰富教学资源并且图文并茂的英语听力教学环境中，学生能够通过生动的色彩画面、鲜活的动作声像和新鲜的语言场景对抽象的事物和过程产生清楚的感受和理解，产生对于英语学习的积极性和主动性。网络多媒体所提供的教学环境可以营造出一种"身临其境"之感，有助于激发学生兴趣和学习积极性，营造出轻松愉快的教学氛围。同时，这种教学技术也有利于学生接受知识并加以记忆。研究证明，人们对于文字的记忆与对动画和图片的记忆相比是最弱的，因此要充分发挥网络多媒体声、光、色、影、形多方面的优势，用图片代替文字，再用声音、色彩、形象、动作俱全的动画代替静止的图片，刺激学生的视觉和听觉，最终得到良好的教学效果。

（二）传统英语专业听力教学的弊端

在传统的英语听力教学过程中，教师缺少对于听力技巧的教学，只是一味地让学生接触大量的听力材料，以为这样就能让学生的听力理解水平自然而然的提高，但实际上学生根本不知道怎样去听，在一段时间后，学生不但没有弄明白英语听力中出现的问题，还额外出现了其他方面的问题，这就使他们逐渐失去了对于英语听力学习的兴趣和积极性。在目前的英语听力教学中，许多教师仍然采用传统陈旧的教学模式——打开课本、播放材料、提出问题、给出答案。当前的大学英语听力教学中不只存在这一问题，还有以下几类问题。

1. 教材内容少且陈旧

在英语听力教学过程中，教材是教师进行教学设计的主要依据，也是教师进行教学授课的主要内容。这些教材有一定的优点，比如能帮助学生听懂基本的语音、数字、单词和句型等，并在一定程度上能够提高学生的文章理解能力，但是同时这些教材在编写体例方面又具有较为严格的程序性和测试性。另外，教材中的听力材料不能及时更新，听力材料之间缺乏关联性，学生无法据此形成完善的知识体系。同时，这些教材也没有考虑到学生们的兴趣爱好，无法激发学生的学习兴趣。

2. 教学模式单一、手段单调

我国大学生英语听力教学目前采取的教学模式依然是：向学生讲解生词、播放录音录像带、学生听完录音之后由教师提问、学生练习并解答、老师提供答案。这种以教师为中心的五步教学法，教师在进行听力教学时只注重学生进行听力训练的成绩，而忽视听力训练过程。

3. 教学方法陈旧老套

在目前的英语听力教学过程中，学生始终处于被动接受的地位，被动地听教师在课上播放的听力材料，再被动地根据老师布置的学习任务进行练习。在这种学习方式下，学生的听力水平差异遭到了忽视，教师也一味地要求全部学生完成相同水平的英语听力训练。即使学生的听力水平各不相同，学生实际完成听力训练的时间也不相同，这就导致了英语听力水平较差的学生没有足够的训练时间去完成英语听力训练，只能等待教师在训练后给出答案；而听力训练中的听力材料对于听力水平较高的学生又过于简单，这类学生的英语听力水平得不到相应的提升，白白浪费了时间。这两类学生的英语听力水平都得不到提升，英语听力教学自然也得不到较好的教学效果。

4. 师生缺乏主观能动性

在英语听力教学过程中，教师和学生都缺乏主动，教师在安排教学活动时受到教学设备、时间和空间的限制而难以加入丰富有效并生动活泼的活动。另外，频繁的听力测试也容易降低学生课上的学习积极性，尤其是一些英语听力水平较差的学生常常因此感到紧张和疲惫，其学习效果也会大大折扣，教师所进行的英语听力教学也得不到良好的教学效果。

（三）依托网络现代英语专业听力教学新模式建构

1. 网络多媒体的优化作用

网络多媒体技术在语言教学上的应用主要从以下三个方面对英语听力教学的教学方法和教学模式进行优化。

（1）优化听前准备活动

教师在听前准备阶段先利用多媒体向学生展示重难点词汇的发音、拼写和词义，通过多种感官的共同作用，使学生快速、全面地掌握重难点词汇。教师在运用多媒体向学生展示丰富直观、生动形象的听力材料背景知识的同时配以发音标准的英语解说，能让学生对听力资料产生更多了解，听力训练准备得也会更加充分。

（2）优化听力教学手段

教师可以利用网络多媒体将常规的课堂教学内容更加高效的展现出来，提高学生对于英语听力训练的积极性。如在选用影片《Garfield》片段进行"配音"练习时，教师首先将这个片段完整播放一遍，再单独播放两到三遍的无画面语音，让学生听过之后对听到的影片片段进行描述，之后再让学生完整观看一遍所选片段，最后让学生对消音的电影片段进行配音。通过这样的训练方式，学生就在潜移默化中不仅锻炼了自己的听力和口语能力，还接触到了真实的英语语言环境。

（3）优化听力教学内容

在使用网络多媒体进行教学时，教师在以教材为参考的情况下，输入多种相近或相同层面上的语言材料扩大教学信息量，为学生创造出更多的英语学习机会和途径。例如教师可以选择一些像CCTV9英语频道、美国 CNN 和 VOA 及英国的 BBC 等媒体的英语节目来作为课堂英语听力材料的补充。另外，在英语听力教学过程中，教师应穿插安排一些多媒体教学影片或影视片段内容，让学生在综合运用视觉、听觉和口语等多种感官的过程中提升英语听力水平。在应用影片教学过程中，教师可以向学生讲解说明影片中出现的语言难点和文化现象，再针对这些文化内容设计一些英语听力练习，使学生在真实的英语语言日常语境下学习英语。对于简单易懂的影片，可以让学生背诵某段对话并模仿影片进行表演，这种应用影视片段训练英语听力的教学方式可以有效纠正学生的错误发音，营造出一种生动活泼的英语教学环境和轻松愉悦的学习氛围。

2. 基于网络多媒体的现代英语专业听力教学模式概览

目前英语专业听力教学所面临的新问题是没有优质高效的教学模式，教学效率低下，学生在日常学习中缺少运用英语的机会，学生缺乏自主学习能力。现代英语专业听力教学应当采用综合运用计算机、多媒体和网络的课堂教学和学生自主学习相结合的教学新模式，学生所采用的学习模式应当是一种结合教师教学、学生自学和网络辅导的体验教学模式。新的英语专业听力教学模式应当以学生为主体，让学生进行体验式学习，由学生自己选择学习内容和学习方法，自行掌握、控制自己的学习过程，对学习结果进行自我评估，让学生在学习中体验，在体验中学习。在听力训练过程中，教师组织学生分成几个学习小组，由老师和学生共同设计教学目标和教学活动。同时，英语听力教师应从单一的知识传授者转变为多种角色，在课堂教学中充当课堂设计者、指导者、组织者、考核者和参与者。这种新的英语专业听力教学模式具有学习地点多样、学习时间灵活、学习方式个性化自主化的特点。

（1）教学条件

以往的英语教学模式以教师为主，强调教师在教学过程中的输入作用，学生处于被动接受的地位，以教师为唯一的知识信息来源。现代的新型英语听力教学运用了网络多媒体技术，与传统的英语听力教学相比具有许多优势，互联网为学生提供了开放的信息渠道和无限的学习资源，电子教材的普及和网络多媒体教学平台的建成为学生提供了更多样、更有针对性的听力材料，学生通过高校校园调频台等学习资源获得了更多的学习机会。

（2）建构原则

现代新型的应用网络多媒体技术的英语专业听力教学要在外语教学的基本原理的基础上进行建构，要进行具体的技术实施规划和总体课程规划，要在整个教学计划中将网络互动教学与真实课堂教学相结合。教师在选择教学听力材料时，要考虑学生的实际水平和需求，在丰富的网络资源中选择合适的材料，再根据学习者的语言学习水平、学习需求、知识面和兴趣爱好等实际因素分级或分类整理所选择的听力材料。

（3）教学过程

新型的英语专业听力教学模式分为三个学习阶段，分别是课前准备阶段、课堂教学阶段和课后自主学习阶段。在这样的教学模式下，教师和学生共同选择教学内容，共同设计学习目标和教学活动。具体教学过程如图 4-2-1 所示。

新型的英语专业听力课堂教学一般分为课前准备阶段、课上理解阶段和课后评估阶段，在网络多媒体环境下的现代英语专业听力教学的教学过程也要在这样的步骤下进行，合理安排课前、课上和课后的阶段，做到三个阶段的有机结合。

```
                    ┌──────────────────────┐
                    │   指导学生成立学习小组   │
                    └──────────────────────┘
                              │
                    ┌──────────────────────┐
                    │    教师制定学习目标      │
                    └──────────────────────┘
                              │
                    ┌──────────────────────┐
                    │  教师课件提前一周发给学生 │
                    └──────────────────────┘
                              │
                    ┌──────────────────────┐
                    │   学生增删电子课件的内容  │
                    └──────────────────────┘
                              │
                    ┌──────────────────────────┐
                    │ 学生参与听力课堂教学活动体验听说 │
                    └──────────────────────────┘
```

| 听教材 | 回答问题 | 个人陈述 | 演讲 | 即兴发言 | 小组讨论 | 角色扮演 | 小测验 |

```
                    ┌──────────────────────────┐
                    │   课后学生在网络多媒体教室自主学习 │
                    └──────────────────────────┘
```

| 学习时间 | 学习内容 | 学习进度 | 学习过程 | 学习地点 | 学习动机 | 学习需求 | 学习目标 |

```
                    ┌──────────────────────┐
                    │       教师反馈         │
                    └──────────────────────┘
```

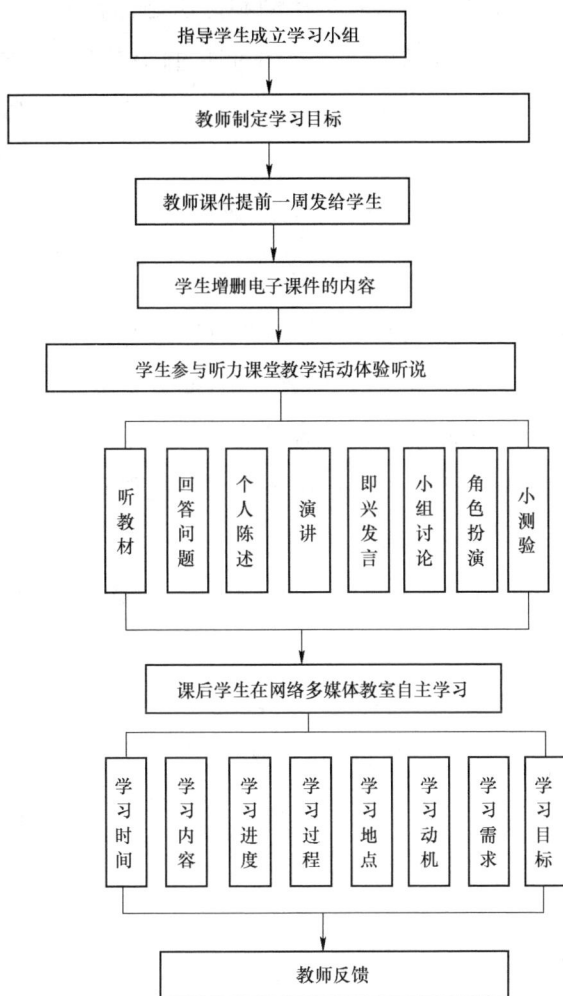

图 4-2-1　新模式听力教学过程

　　课前的准备阶段：听力是一种有任务、有目的的交互式学习活动。学生在进行听力训练时不可能记住全篇所有内容，这就要求教师在听前明确学生的学习任务，提高学生对于所听材料的范围预测精准度，集中注意力到与任务相关的信息上，减轻记忆和认知负担。在课前准备阶段，教师可利用网络多媒体技术的真实感和表现力，采用游戏、音乐、影视片段等多种多样的教学活动和方法进行教学，文字、图形、图像、声音、动画等信息传输手段都可通过网络多媒体技术来实现。在网络多媒体的帮助下，学生会对听力材料产生很大兴趣，学习积极性也会大大提高。

课上的理解阶段：这个阶段是学生学习掌握词汇、语音和语法等语言知识的阶段，教师在进行课堂活动和练习时可采用网络多媒体技术，采用多种信息传输手段从视觉、听觉和口语三方面对学生的听力水平进行锻炼，网络多媒体可以同时刺激多种感官让学生保持注意力并提高学习效率。学生实际英语水平各不相同，考虑到这种差异性，在教学过程中可以成立学习小组，让每个学生都能得到与其英语水平相符的听力训练。在教学过程中教师可以采用多种教学方式，如提问、讨论、表演、复述和听述等与学生互动，使学生的英语听力水平得到更大提升。

课后的评估和反馈阶段：这个阶段是学生记忆调用和沟通交流的阶段。教师可以通过与学生讨论听力材料中隐含的深层问题来掌握学生的听力训练目标完成情况，学生在将所听材料进行综合分析、评论后就能对其理解更深刻，进一步了解所听材料的含义，最终消化理解所学知识。

在评估和反馈过程中，不能依靠分数来对学生分类，不能单靠分数就给学生贴上好学生或差生的标签，更不能因为分数低就讽刺挖苦学生。根据评估的性质，可将评估分为以测验法为主的量化评估和以表现评估、活动评估和观察评估等为主的质化评估。量化评估中可采用小测验的形式，小测验的灵活性较强，测试内容具有针对性，教师能够通过小测验及时获得教学效果反馈。在听完听力学习材料之后，教师可以自编一些与所听内容相关的小测验对学生的训练情况进行量化评估。在对学生的学习效果进行评估时，不能采用单一的评估方法，不能过于注重分数，要综合采用多种评估方法并保持评估过程的开放性。

质化评估包括问答、作业、日记及学生自评互评等形式。在学生进行自我评估或与其他同学互评过程中，教师要让学生学会自我反省，形成客观评价的态度。评估所反映的不只是学生的学习效果，还反映着学生的学习过程及在学习过程中的态度。教师在反馈时，应该做到及时、准确、客观，不能一味地责难学生，而要以激励为主，要及时鼓励学生，对其进步表扬；对于学生的缺点和不足要及时指出，用关怀的态度向学生提出改进建议；在反馈时注意与学生之间的沟通与交流，要维护学生的自尊心和自信心，激发他们的学习积极性和主动性。

现代新型英语专业听力教学模式综合运用了计算机、互联网和多媒体，强调在大学生英语听说能力的提高过程中新教材、新教学方式和手段、新的教学测评方式及师生角色定位的转换所发挥的重要作用。这种新型教学模式积极推动了教师施展自身才华来进行教学改革，并对其提出了更高层次的教学要求：首先，教师必须在课前对教学内容进行充分准备，现代英语专业听力教学模式依赖于网络多媒体所提供的容量大且丰富多样的教学信息，教师要充分考虑到基于网络多媒体教学的课堂中可能出现的问题以及应对措施；其次，基于网络多媒体技术的教学过程中不具有情感因素，具有一定的盲目性，忽视了教学的针对性和复杂性，这就要求教师在课后发挥情感因素在教学中的作用，与学生及时沟通交流。

本节主要介绍了网络多媒体环境下的现代大学英语专业听力教学模式，但是即使学生学习的外部环境得到优化，学习资源得到扩展，也不能保证学生的英语听力水平就一定能提高，关于如何充分利用网络多媒体并整合教学资源以创造更加全面的教学条件，还需要进一步探索才能给出答案。

第三节　大学英语口语教学研究

一、英语口语教学面临的问题

随着社会各界对大学生所具备的英语能力的关注度越来越高，高校范围内的英语教学改革步伐也在不断推进，相对来说还是获得了一些实质性进展，但是依然有一些不足之处需要改正。英语教学依然是一个需要攻克的难题，我国英语教学存在的弱项主要是英语口语的教学和研究。众所周知，提高口语能力并非一朝一夕就可以完成，这就向进行课堂教学的师生提出了更高的要求。教师要与时俱进改革教学方法，作为学生来说则要从实际出发选择与自己相适应的学习方式。

（一）开展课堂口语活动需要注意的问题

1. 注意保持课堂的新鲜感

任何一种教学方式，如果长时间使用都会丧失新鲜感，从而降低学生学习的积极性。这也是教师在进行英语教学时经常会遇到的问题，也是不容易解决的难题。从教师的角度来说，在课堂上综合使用多种训练形式可以营造出轻松活跃的学习氛围，提高学生练习口语的积极性和主动性，培养学生良好的学习习惯，让他们积极参与到教学活动中。

2. 给出必要的关键词或句型

虽然现阶段的大学生经过中学阶段的学习之后已经具备了一定的英语基础知识，但是由于我国在口语训练方面还有所欠缺，所以很多学生并不能用英语表意，这时候就需要教师提供相应的句型和词语来作为引导。学生可以根据需要，选择自己擅长的词来回答这个问题。给出必要的关键词或常用句型，可以帮助学生在有效完成口语训练的同时不断积累词汇量。

（二）对教师提出的新的挑战

大学生口语训练的能力要求对教师的教学提出了新的标准，这就要求教师所用语言不仅要具有一定的科学性和逻辑性，还要具有一定的引导作用。此外，对教师所用语言的要求还包括吐字清晰、活泼生动、流畅舒适等。一位优秀的教师应该是一位集语言家、教育家、演说家和艺术家于一体的综合性人才，教师应不断更新自己的知识，提高自身的口语水平和整体素质，以适应时代和学生的需要。

二、说的心理机制

（一）由听到说

任何一种语言的学习都是先从听开始的，要以听为基础逐渐建立起听的能力，只有基础打得牢，后面的学习才可以厚积薄发。基于这种情况，教师在英语口语教学中应重视先听后说的规律，合理安排好听的教学活动，通过听的训练，激发学生主动开口说的兴趣，引发学生主动开口说的动机。所以，以听为基础、听说结合的方式才是英语学习可取之道。

（二）由想说到说明白

语言学习到了一定阶段就会有使用该语言进行表达的冲动，英语学习也不例外。当学习者产生了想要表达的想法之后，就会开始一系列的活动，如应该如何组织语言、想要表达什么样的内容、应该使用哪种句式等。最后将这些活动串联起来就构成了语言的最初形式。

一般而言，语言生产的过程要经历四个方面，即构思概念、组织语言、发出声音、自我监控，如图 4-3-1 所示。

| 构思概念 | → | 组织语言 | → | 发出声音 | → | 自我监控 |

图 4-3-1　语言生产的四个阶段

三、大学英语口语教学的内容与目标

大学英语口语教学的内容主要包括语音训练、词汇、语法、会话技巧、文化知识等。

（一）语音训练

语音是学习英语口语的基础，语音训练的目标就是掌握正确的语音和语调，包括重读、弱读、连读、音节、停顿等。错误的发音或不同的语调会造成听者理解困难，甚至产生误会。

（二）词汇

词汇是英语学习的基础，无论是英语听力、阅读、口语还是写作都离不开词汇。没有足够的词汇量就没有足够的输出语料，因此就不能进行信息的交流和沟通。词汇是信息的载体，如果没有足够的词汇量，就不能在脑中形成既定的预制词块，这必然会影响英语的输出效率。有效的词汇输入是词汇输出的条件，口语交际功能的实现离不开充足的词汇量做支撑。因此，在口语教学中应该加强学生词汇量的积累。

（三）语法

语法是单词构成句子的基本法则，要想实现沟通的目的必须要构建出符合语法规则的句子，只有句子符合语法规则才可以被听者理解。词汇是句子含义的载体，语法是句子结构的基础，二者必须有机结合才能实现口语表达的实用和高效。

（四）会话技巧

口语教学的最终目的就是为了交际，学习并运用一些会话技巧可以使交际顺利进行。常用的会话技巧主要有表达观点、获取信息、承接话题、征求意见、转换话题和拒绝答复六个方面。

（五）文化知识

在口语交际中，文化知识也是一个不容忽视的方面，对英语口语教学产生了很大的促进作用。这就意味着，学生不仅需要掌握基本的语言基础知识，还要具备深厚的语言文化功底。其中，文化知识对语言的重要影响作用主要体现在两个方面：一是对所表达词语的意义或构成产生影响；二是对语言的组织过程产生影响。

四、大学英语口语教学新方法

在进行语言交流的过程中，"说"是一种自己表述最简单而对方理解起来最轻松的沟通方式，因此大学英语对学生需要掌握的听力水平也作出了相应要求。"说"在英语学习过程中并不是以出现在某个阶段的形式存在的，而是贯穿于学习全过程。但是，在学习第二语言的过程中，想要在短时间内就迅速提升说的能力是存在一定难度的，而且也不容易现实。这就是为什么有很多拥有英语四、六级证书的大学生，他们的口语能力远不达标的原因所在。基础知识抓得牢对后续的口语表达能力的提升有很大的促进作用，但这并不意味着拥有足够的基础知识就可以拥有良好的表达能力，这个结论是不成立的。

（一）整合性干预模式

关于整合性干预模式的构建主要是源于学习模式的改变，其不仅要考虑学生的学习环境，还要考虑这一过程对学生自我管理能力的提升。其最终目的是要对学生实现"不管"，培养其自学的意识。

1. 学习环境

我们一直都没有将学习环境对学生产生的影响放在重要位置进行考虑，认为其作用可能会很微小，但从"孟母三迁"的故事中我们可以了解到其实不是这样。学习环境对一个人学习结果的影响还是非常明显的，古人尚且有这样的意识，在网络信息时代更是不可忽视。

2. 外部指导

（1）学习指南

学习指南是为了帮助某些短时间内难以接受和适应网络学习的学习者脱离传统的学习方式，避免其在网络世界迷失。一些对于传统学习方式依赖性较强的学生可以根据学习指南提供的指导去弄清楚网络学习的方向和步骤，防止自身在网络世界中迷失。

（2）技术帮助

网络学习初期，由于学生对于互联网信息和计算机的掌握程度不够，导致他们在学习过程中遇到了技术方面的阻碍，从而对学习效果造成了严重影响，这一问题是可以通过后期的学习进行弥补的。只要学生打好技术基础，再遇到同样的问题就可以迎刃而解了。

（3）策略指导

在学生进行学习以前，提前向学生普及一些关于学习策略和方法的知识，让他们可以在心里有一个关于各种学习策略的认知，其中主要包括认知策略、元认知策略等。这样他们在日后的学习中就会做到心中有数，正确合理地使用这些策略，达到提高学习效果的目的。

（二）情境教学法

情境教学法指的是教师在教学过程中针对性地加入某些具体的场景，让学生通过这些情境产生共鸣的一种教学方法。

情境教学法的形式有很多种，如角色扮演、对话、辩论等，下面就重点介绍这三种教学形式。

1. 辩论

辩论是一场对综合能力进行考验的活动，要求参与人员不仅要具有很厉害的口才，而且逻辑思维能力要清晰、大脑要做到飞速运转，还要具备善于抓住对方的漏洞进行反击的能力，这是对参与者综合能力的极大考验。英语辩论的场合通常是教室，参与双方针对所给出的论题对自己的观点进行阐述，以期用最有力的论据和表达来战胜对方。

2. 角色扮演

角色扮演也是教师在教学过程中对口语能力进行训练的一种方式，现在有越来越多的教师愿意采用这一形式进行教学，其目的是让学生不再胆怯，在众人面前表达自己的内心想法。这一方式通常是和小组学习联合在一起使用的，教师可以按照不同的剧情分配给学生不同的角色，学生可以通过与组内成员的相互配合来完成规定人物的台词，以推动故事情节的发展。这种方式对学生来说不仅可以锻炼其胆量，而且还能使学生加深对角色台词的理解能力，以便日后更好地为自己所用。

3. 对话

相比前面的两种方式，对话更常见而且更容易操作，因此教师在英语教学过程中更愿意使用这样的教学形式：第一，通过对话不会占据太多的课堂时间，对大家来说都是可以接受的；第二，对话的内容会相对更生活化一些，这对学生来说更容易理解；第三，通过对话学生也可以获得口语技能，提高自身的应变能力。

（三）学习过程评价

1. 学习过程评价的定义

学习过程评价指的是在对学生学习过程中所使用资料进行搜集和研究的基础上，对学生的学习过程进行分析和判断，并对发现的问题进行及时、有效的解决，以期达到使学习过程得到改进的一种评价方式。只不过需要注意的是，这里所说的"学习过程"主要是指学习过程的投入度、自主性、创造性和学习过程的个性化等学习活动指标。其实学习过程与学习结果是相互作用、相辅相成的，如果没有学习过程，就不会存在学习结果；如果没有学习结果，就无法对学习过程进行监测。从这个角度来说，优化的学习过程可以促使优质学习结果的产生，如果想要对学习过程进行一定改进，科学合理的学习过程评价就必不可少。

从字面意思来看，学习过程评价与关于学习的过程性评价两者之间存在一定关系，实际上这两者是一种交互式的融合关系，甚至在内涵上也有相通之处，可以互相借鉴和补充。在教学过程、学习过程和过程性评价中，处于中心位置的是学生的学习过程，教学过程与过程性评价处于次要位置，其目的都是为促进学生的学习而服务的。对过程性学习评价的理解，主要包括三个方面：对学习过程的评价、为促进学习而实施的评价及在学习过程中实施的评价。如果从相同之处来说的话，两者都是随着教学过程、学习过程的开展而不断提升的一个动态的评价过程，不同之处则表现为学习的过程性评价在其监测功能上更为侧重一些。

从实施进程的角度来考虑，我们可以将学习过程评价简单划分为评价准备、学习过程中信息的收集和整理、学习过程的信息判断分析和评价等三个阶段。采用这一划分方式主要是出于以下原因的考虑。

首先，是对学习过程的评价。我们知道，学生的学习过程并不是一成不变的，而是一个时刻在发生变化并不断向前发展的过程，大量信息资源在学习过程中得以储存，而学习过程中评价的中心就是以这些信息为基础所反映出的学生的学习方式、策略、态度等，通过这些反馈结果来促进学生和教师之间的适应和改进。对于教师来说，改进的是教学策略方面，对于学生来说，改进的是学生的学习过程。另外，学习过程的评价对师生管理效果方面和对学习过程评价都有不可忽视的作用。

其次，在学习过程中的评价。这个过程中教师的教学和学生的学习都是在一个水平线同时进行的，一个效果明显的学习过程是与教师的有效教学和学生的高效学习有着密切联系的。

2. 大学生学习过程评价

大学生学习过程评价指的是大学生在高校学习的过程中，从学习过程中的投入度、自主性和创造性等角度出发，采用的一种自评和他评的方式，是对大学生学习过程中所涉及的各种构成要素进行简单分析和价值评判的过程。其主要目的在于，从大学生学习过程的特点出发，关注学生的学习过程，促使学生学习效能的提升。

第四节　大学英语阅读教学研究

一、大学英语阅读教学中互动教学模式的应用

许多学者对于大学英语阅读教学都进行了探索和研究，最近有研究

证实，在阅读过程中采用一定的阅读技巧可以帮助学生提高阅读速度。在英语阅读教学过程中，教师要以学生为主体，让学生在体验阅读的过程中享受阅读，面对不同题材的英文阅读材料都能进行审读和分析，使学生在进行语言感知和思维转变的同时提升自己的阅读兴趣和阅读能力水平。在大学英语阅读教学过程中要充分发挥教师的主导作用和学生的主体作用，教师应采用交互式教学模式，加强与学生之间的沟通与交流，鼓励学生之间的交流和合作。

（一）大学英语阅读教学中实施互动教学模式的必要性

大学英语教学大纲中关于英语阅读方面的规定有以下几点：（1）在英语阅读过程中熟练运用阅读方法和阅读技巧；（2）熟悉在英语阅读过程中经常出现的应用文体；（3）借助词典等阅读工具的帮助能够读懂英语教材和报刊文摘；（4）能够把握所学的英文综述文献的中心思想和细节信息。

我国传统的大学英语阅读教学以课堂学习为主，是灌输式的教学，只强调教师的主导地位而忽视学生的主体地位，教师只注重讲解书本知识，学生只能被动接受知识。学生在学习过程中始终处于被动接受知识的地位，一味地机械记忆，在学习过程中缺少学习积极性和主动性，与其他学生之间的沟通与交流更是少之又少，在这样的教学形势下，在大学英语阅读教学中引入互动教学模式是十分有必要的。在互动教学模式下的英语阅读教学中，学生处于主体地位，教师在教学过程中只是作为辅助者和指导者，教师要鼓励学生主动学习，积极参与到教师组织的学习活动中，在学习过程中学会思考，在沟通交流的过程中学会合作，在分析问题的同时解决问题。

（二）互动教学模式在大学英语阅读教学中的实施原则

互动教学模式强调的是"互动"，这种"互动"是老师与学生之间的

"互动"以及学生与学生之间的"互动"。教学过程中以学生为主体，由教师和学生组成一个互相依存、互相沟通、团结协作的大团体，这是互动教学模式与传统教学模式之间最为根本的区别。在将互动教学模式引入大学英语阅读教学过程中时，要遵循以下原则：一是开放性原则，在进行互动式教学时，教师要营造出一种轻松活泼的学习氛围，要鼓励学生开放思维，大胆创新和探索；二是实践性原则，这就要求教师在课上组织学生分为学习小组进行学习活动，并在小组学习活动中始终围绕课程内容，让学生在实践活动中逐步提高自己的英语阅读能力和口语表达能力；三是层次性原则，这个原则要求教师要考虑到不同学生的知识储备量、学习水平高低和综合素质水平差异，根据学生的实际情况开展分层教学，有针对性地对学生的英语阅读能力进行锻炼；四是问题中心原则，即教师在进行教学的过程中，要鼓励学生提出问题并与其他学生在交流沟通中分析和解决问题，教师在这个过程中扮演引导者，引导学生在分析过程中找出最高效的解决办法。

（三）大学英语阅读教学互动教学模式中的教师和学生角色

1. 教师角色

在互动教学模式中，教师扮演了很多种角色：第一，教师是教学活动中的主导者，教师要在课前对教学目标和具体教学活动进行规划安排，在课上要能有效掌控课堂教学，循序渐进地推进规划好的教学进度，以得到良好的教学效果；第二，教师是教学活动中的设计者，教师在教学过程中要灵活安排教学内容，运用自己的头脑和智慧促使课堂教学活动有条不紊地进行，要设计丰富多样的课堂活动以提高学生的学习积极性；第三，教师是教学活动的组织者，教师要精心安排教学活动的类型、开展教学活动的方式、在教学活动中融入教学内容的方式、提高学生学习效率的方式等，教师能否合理安排以上事宜是能否顺利开展教学活动的关键；第四，教师是教学活动的促进者，教师要以足够的耐心和平和的态度帮助学生找到适合自己的学习方法，提高学习积极性，解决学习过程中遇到的难题，帮助学生提高学习能力和学习水平；第五，教师是教学活动的互动者，教师若想顺利开展教学活动，就要加强与学生之间的沟通互动，要清楚学生的思维方式和心理特点，做到真正了解学生。

2. 学生角色

在互动教学模式下的大学英语阅读教学中，学生是学习的主体，是主动的阅读参与者，要能够通过自身掌握的知识和技能以及阅读方法来阅读、分析、梳理英语阅读材料，而不能作为阅读接受者被动地接受知识。在教学过程中以学生为主体，就要以学生为中心，强调主体性阅读，重视的是学生的学习积极性和主动性，要让学生主动阅读，在阅读中熟练运用阅读技巧和理念，熟悉各类体裁和结构的英文阅读材料，激发学生的英语阅读兴趣和积极性，培养良好的阅读习惯。

因此，教师和学生在互动教学模式中相当于一对"搭档"，教师要根据学生的实际学习情况和学习进度来安排制订教学任务和教学目标，获取良好的教学效果。学生要在教师的指导和帮助下进行英语阅读训练，提高自己的英语阅读水平。

（四）互动教学模式在大学英语阅读教学中的具体应用

1. 准备阶段

（1）确立学生主体观

首先教师要确立以学生为主体的互动教学理念，要在思想上认同互动教学模式的理念并认真学习，在教学活动中提高学生的参与积极性和主动性。

（2）调整原有的教学方式、方法

在互动教学模式中，学生是教学活动的主体，教师是教学活动中的组织者和引导者，许多教师认为这降低了教师在教学活动中的地位，事实上这种观念是不正确的，互动教学模式没有降低教师的地位，而是对教师提出了更高层次的要求。教师要在课前根据课程内容制定教学目标，合理安排教学活动和各内容时间，要考虑到学生在学习过程中可能遇到的问题并提前想出解决办法，为学生创造更多参与教学活动的机会。

（3）培养学生学习的兴趣和良好习惯

提高大学生的英语阅读兴趣和培养学生养成阅读习惯是提高大学英语阅读教学效果的重要方法，首先就要求教师在课前选择一些轻松活泼的阅读材料供学生进行阅读训练，让学生享受英语阅读的过程；要培养学生进行英文课文阅读预习以培养良好的阅读习惯；还可以教给学生一些有效的阅读技巧和阅读方法如略读和寻读，帮助学生增强阅读时的自信心。

2. 实施阶段

（1）让学生通过不同的互动方式整体理解课文内容

学生可以通过不同的互动方式加强对阅读材料的理解，提升英语阅读水平。教师可以帮助学生提前预习课文，根据课文背景、课文中的重难点内容和教学内容学生给予引导和提示，为正式的课堂教学做好铺垫。学生在课前根据老师给出的指导和提示对课文进行预习，提前掌握课文的主要内容并解决老师所指出的重难点问题，将预习知识和之前学过的知识串联起来，温习学会的知识，预习将要学习的知识，为正式教学活动中的小组活动作好铺垫。在正式开始授课时，教师首先要组织学生进行四人小组分组讨论，组员依次汇报自己的学习心得和学习到的知识点，四人轮流问答，组长对问答过程中的内容进行归纳总结，其中难以解决的问题最后统一汇报给老师，由老师帮助解决。在小组讨论结束后，教师要根据一定的评价标准对各小组的互动交流表现作出评价，要客观公正，对于表现良好的小组要鼓励表扬。另外，对于小组讨论过程中出现的共性问题要明确指出并进行统一指导。

（2）让学生通过协同研讨掌握语言点

教师要鼓励学生在阅读过程中寻找语言点，再向学生解释补充语法知识点，之后让学生在阅读中有意识地重新使用这些知识点，培养学生的自主学习能力，让学生养成自主思考的习惯。在进行互动教学学习语法知识点时，教师可以将学生分为三个大组，分别负责不同的学习任务，一组负责找到语法知识点，一组负责解释知识点，一组负责对另外两组的发言进行补充和总结，让每组学生都有相应的任务，这样达到调动学生积极性的目的，激发学生的兴趣和主动性。教师根据学生最后的总结也能初步掌握学生对于知识点的掌握情况，并对课文中的重难点进行解释和指导。互动式教学可以营造出一种轻松活泼的学习氛围，让学生积极参与到教学活动之中，学习起来也会更加轻松，同时也能得到良好的学习效果。

3. 总结阶段

总结工作在教学活动的各个环节都要进行，每一堂课结束、每一学年结束、每一学期结束，都要进行总结。教师要在总结中了解学生的兴趣取向，发现学生最喜欢的教学方式，要通过教学反馈听到学生的意见，根据对这些意见的总结分析制订出更加受学生欢迎的课堂组织形式，提高学生的学习积极性和自主学习性。

互动教学模式之所以能够在大学英语阅读教学实践中获得良好的教学效果和广泛应用，原因为：第一，采用互动教学模式可以营造出一种轻松活泼的学习氛围，可以有效激发学生的学习积极性和主动性，让学生意识到自己是学习过程中的主体，只有学生积极配合教师安排的教学活动，教师才能顺利开展教学；第二，互动教学模式为更多的学生创造了参与教学活动的机会，让学生在互相的交流沟通中锻炼自己的英语阅读技巧和应用能力，激发英语阅读兴趣，培养良好的英语阅读习惯，提高自己的英语阅读效率；第三，在以往的英语阅读教学中，以教师为主导，学生始终处于被动接受知识的地位，教师也是被教学任务和教学计划推着走，学生和教师都缺乏积极性，而互动教学模式能够有效激发学生的学习积极性和主动性，学生能够积极参与到教师安排好的教学活动中。通过各种有趣轻松的教学形式，学生产生对英语阅读的兴趣，教师也因此能够更加积极热情地投身于英语阅读的教学活动中，教师和学生的积极性都被调动起来，取得的教学效果也必然大大改善。

二、以提升应用能力为目标的大学英语阅读教学模式

近些年，国内外的很多专家、学者都热衷于研究大学英语阅读理论。阅读教学是一项复杂的工程，涉及语言知识、文化背景等多方面，它能够为学生提供深入理解和有效应用语言的机会。为了实现大学英语教学目标，必须注重培养学生的英语综合应用能力，提高他们获取相关信息的能力，并使其具备有效的提出、分析和解决问题的英语能力。关于英语科目的考试，无论是国内还是国外的各类考试，如大学英语等级考试、英语专业等级考试、托福、雅思等，阅读的分值往往占据了总分值的一半以上。由此可见，阅读能力对于大学生学习英语至关重要。基于这种现实背景，提升大学英语阅读教学的有效性，以培养学生更强的阅读理解能力为目标，这是一个必须深入研究和解决的问题。

（一）大学英语阅读教学模式的理论基础

在我国目前关于阅读教学理论与方法的研究成果主要集中在教学设计和教学方法方面，而有关阅读策略研究则相对薄弱。

国内外的学者在研究大学英语阅读教学模式时，从多个角度对其进行了分类。在众多的研究理论中，图式理论是一种备受瞩目的阅读理论，其对外语教学模式的研究产生了深远的影响，并被广泛认可为一种有效的指导理论。该理论主要是以心理学和认知学的相关理论为基础的一种新型教学理念。此外，除了图式理论还存在其他研究成果，如心理语言学阅读理论、交互型阅读理论、合作学习理论和体裁分析理论，这些理论都是针对大学英语课程而建立的阅读教学方法体系。除了基础的理论，还有对模式研究领域提出了一系列创新性的教学模式，其中包括整体语言模式和 ISRI 教学模式。在阅读教学过程中，通常可以将两种图式知识进行归类：一是内容图式，二是形式图式。文章的主题是内容图式的主要研究对象，它紧密关联着文章所涉及的主题和范畴，同时也对读者对文章的理解程度产生不小的影响。另外一个形式图式的研究对象在于掌握不同体裁文章的篇章结构知识，这类知识有助于提高对文章的理解水平。在阅读教学中，兴趣型教学理论的应用也十分广泛，该理论强调教学活动的灵活性，主要目标在于培养学生的阅读兴趣，形成文章应有的框架和意义的构建能力，最终提高阅读的效果和水平。

（二）大学英语阅读教学模式分析

1. 任务型教学模式

基于任务型阅读教学模式，教师所承担的知识传递功能已经发生了转变，教师也不再是教学集中研究的对象，学生成为学习主体，而不是单纯的接受或记忆知识。任务型教学模式更加强调学生对外部信息的了解，要求学生通过发散思维，结合已掌握的背景知识，来不断构建和完善自身的知识结构。同时，还要让他们意识到自己能够利用各种资源来完成特定目标。在这个过程中，学生需要掌握外部信息的筛选和材料加工的技巧和能力，同时也需要具备良好的思维能力，能够从不同角度思考问题。学生已不再被视为被动的接收者。在阅读教学中，课文材料只是任务的一部分，更为重要的是通过阅读的活动来改善学生的学习方法，不断加强对阅读技能的训练，从而达到更好的阅读效果。

英语阅读教学采用了任务型教学模式后，课程教学向着多元化和多样性的倾向发展，这种变化也对英语教学提出了更多新挑战。在教学任务的设计和编排中，越来越注重细节的严谨性，同时也越来越强调语言形式和意义的有机结合。这种变化的本质是英语教学要更加关注学生细节发现能力与综合素养的提升，以实现课堂教学效率最大化。除此之外，英语教师必须具备高超的素养，以确保任务型教学目标的有效实现，无论是在任务设计和实施方案的确立方面，还是在其他方面都要有所提升。此外，英语教师应当不断更新自己的教学理念，并在教学艺术方面不断提升自己的水平。为了推进信息化教学的发展，我们应当充分利用现代教学媒体，以提高教学质量和效果。

我们需要了解任务型英语阅读教学的特点。在大学英语任务型阅读中，更加强调学生在老师的指导下进行自主学习，以提高其学习效果。教师的指导作用与学习者作为认知主体的作用同等重要，二者相辅相成，共同构成了任务型英语阅读教学的任务主体。在这一教学模式下，教师应注意激发学生的学习动机，培养其良好的语言运用能力及提高他们分析问题解决问题的综合素质，不能像以前一样只单纯地给学生灌输知识。在教学过程中，英语教师应当积极发挥推动和协助的作用，促进学生在阅读学习方面取得优异的成果。教师还要指导学生进行网络资源的利用，引导学生有目的的浏览。为了确定阅读主题，教师可以根据教材进度和教学需求，采用多种方式，例如布置任务时，让学生针对所涉及的课文内容，通过网络查询更多与课文相关的诸如人物简介和与时代背景相关资料。另外，还要注意培养学生搜集信息的意识，使他们能够将课内所学与课外知识联系起来，并形成自己独特的见解，从而增强学生自主学习的意识。在授课过程中，教师可以引导学生对摘要内容进行复述。为了提高学生对文章独立阅读理解的水平，教师需要注重培养学生独立学习的能力，并加强他们对文献参考知识的综合运用。

任务型教学模式在促进大学英语阅读教学的改革上具有显著的作用。任务型教学模式是一种符合当前大学生需求、符合时代发展趋势的新型教学模式，这也是大学英语阅读教学改革的方向。在大学英语阅读的教学内容中，应当更加贴近学生的日常生活和实际学习需求，以满足社会发展的需要，同时激发学生的积极性。因此，将任务型教学方法引入高校英语课程中具有一定可行性。在具体的教学过程中，应当强调以任务为导向的教学主线，要让学生进行自主学习，不仅只是完成教师布置的学习任务，更要推动学生从机械学习向意义与功能阅读转变，让学生拥有构建语言资源与意义的能力。任务型模式所体现的是学生对于认知过程、交际能力、信息分析等理念的深刻理解，有了这些理解，可以提升学生在语言交流和综合运用方面的能力。此外，在教师授课过程中，可以加入网络授课，以加强任务的执行效果。网络技术具有交互性和共享性的特点，能够实现资源共享，有利于调动学习者的积极性，提高学生学习时间的灵活性，同时他们所受到的空间限制也更为宽松。此外，学生有更多自由规划自己的学习方式，主动权也变大了，从而更有效地提高学习效率。因此，任务型教学方法更适合于英语课堂教学，更有助于培养学生自主掌控学习进度的能力。通过教师引导和学生参与完成具体项目或任务，从而达到培养学生自学能力和协作精神的目的。任务型教学模式使学生有更多机会交流，可以促进学生听说读写综合语言训练模式的进一步发展。

学生在任务型教学模式的协助下得以充分利用网络环境，以探究兴趣热点问题为目标，从而全面发展和培养创新思维能力。以学生为中心，以教师为主导，这是一种对素质教育的体现。随着时间的推移，任务型教学模式在大学英语阅读教学中逐渐展现出其强大的适应性和广阔的发展前景，为大学英语教学改革带来新的方向。

2. 兴趣型教学模式

根据教学的各种反映，大学阅读教学的现状并不理想，其效果未能达到预期。究其原因，主要是没有真正激发和调动学生的阅读兴趣。学生的阅读兴趣和阅读教学的效果有很大的关系。受应试教育影响，很多老师仍然将注意力放在如何提高课堂知识的传输方面，而忽略了对于学生阅读兴趣的激发。在进行阅读教学与训练的过程中，仍然以教师为中心，采用的是传统的教学模式，即"满堂灌"。学生被动地接受知识，缺乏主动参与意识，更谈不上积极思维和创造性活动。长期下去，学生未能充分发挥其内在的自我驱动力和学习积极性，主观能动性培养不起来，导致教学效果不尽如人意。其次，在挑选阅读材料时，未充分考虑潜在的阅读兴趣的因素，能激发读者阅读兴趣的教材才是适合的教材。当前的阅读教材在选材和难度方面存在缺陷，如选材范围狭窄、针对性不足、与日常生活脱节等，学生的阅读能力在这种教材的影响下无法提高。

在大学英语的教学过程中，如果刚刚开始进行阅读教学，教师应当高度重视培养学生的阅读兴趣，并积极设计教学活动，以推动学生的阅读兴趣不断提升。教师可以通过各种有效手段和方法激发学生的阅读兴趣。为了培养学生坚持循环阅读的习惯，教师需要让学生在阅读活动中获得更好的体验，同时也要激发他们对阅读活动的热情。同时，教师还应引导学生从多个角度去分析阅读材料，让他们能够通过多角度来思考和探究。通过这些方式，学生得以主动地掌握所阅读的内容。这样，学生一边阅读，也就可以一边主动吸收相关知识，促进阅读能力的提升。随着兴趣的提升，学生阅读的主动性也随之增强，掌握阅读技能的速度也随之加快。

3. 合作式教学模式

20 世纪 70 年代，美国兴起了一种全新的教学理论和学习策略，即合作式教学。这种教学模式强调学生间相互依赖和协作精神以及教师对教学活动的有效调控，目前我国很多学校已经引进了这种教学模式。在日常教学中，合作型教学模式旨在加强分组合作的效果，通常以小组为基本形式进行合作学习。在共同的学习目标下，小组成员相互激励和协作，不仅推动了自我学习，也激发了其他人的求知和探索欲望。在语言交际教学中，合作型教学模式是一种被广泛采用的教学方式。

合作式教学模式和媒体工具具有十分密切的联系，利用媒体工具辅助教学，可以显著提升互动性和协作性的表现水平。在学习进程和阅读意义框架的构建中，师生之间及学生之间的互动和协作有着至关重要的作用。在阅读学习过程中，教师与学生之间的互动是一种有益的教学方式，经常性的互动交流，可以提高学生的问题识别能力，增强问题探究的意识。通过这种方式，可以激励学生不断探索新的学习方式和方法，提高对新知识的综合运用能力。此外，合作型教学模式还能够帮助教师了解到自己在课堂教学中遇到的困难及解决途径。合作式教学，需要师生之间建立起相互沟通的桥梁，这个媒介就可以选择网络工具。通常情况下，课堂时间只有一到两个小时，时间受限，授课内容自然也受到限制，传统的课堂与教师互动的学生数量也有限，采用合作式教学则可以促进师生之间的有效沟通。

教师和学生的互动不能止于课堂，教师还可以利用网络平台与学生建立互动和沟通，学生也可以利用网络增加交流。通过在网络上建立互动机制，学生可以及时获取与电子教学资源相关的信息，从而促进教学内容的共享。在传统英语教学中，学生的资源和信息获取只能依靠教师和资料，更先进的可以从网上获取，但是并没有交流互动的机会。在合作式的教学模式下，教师开展兴趣教学，有利于培养学生的阅读主动性和积极性。另外，在英语课堂上，教学内容仍旧需要补充，比如当前社会教育和其他领域的热点问题，还可以适当增加学生感兴趣的话题。话题越多，越能提升教学的效果。

（三）通过大学英语阅读教学模式提升学生英语应用能力

学生进行英语阅读的过程，其实也是不断提高自己认知的过程。这个过程是非常复杂的，需要不断探索。此外，教学模式的多样性需要得到充分的协调，以确保教学效果最大化。和中学的英语教学目标不同，在大学英语课程中，强调将语言学习与语言运用有机结合，以培养学生的具体行为能力，这门课程注重将语言能力内化，最终体现为具体的行动。因此，要想真正实现大学英语的教学目标，就应该重点关注学生的行为能力。传统的语言教学常常过分强调知识点的传授和记忆，而忽视了对学生英语应用能力的培养，这是一个值得深思的问题。我国传统的英语等级考试及其他各项考试，也是传统教学模式的延续和体现，过分强调考试成绩，导致学生不得不被动应对，采用高中阶段的"题海战术"来学习英语，这并没有从根本上提高他们的英语应用能力。

为了实现素质教育的目标，我们必须深入探索英语教学模式，以改变当前存在的各种问题。大学英语教学应以培养和提高大学生的综合素质为目标，使他们能适应社会发展的需要。在大学英语阅读教学中，教师和学生必须对英语阅读教学的相关理论有深入的认知。英语教学应当注重提升教学质量，寻找突破传统的教学模式，营造情境以增强学生的参与度，最为重要的是将语言能力转化为英语应用技能，从而拓展学生在英语交流和运用方面的能力。大学英语教学已经不再是传统意义上的语言教学，和中学的基础学习不同。最近几年，随着素质教育改革的推进，大学英语教学也要站在加强学生素质教育的高度。在教学实践中，大学英语教学要致力于提升学生的阅读能力，同时提升他们在听、说、写等多个方面的能力，以实现语言教学活动与学生全面发展的无缝衔接。

三、大学英语阅读教学中研究性教学模式

（一）研究性教学的实施背景和基础

1. 研究性教学的实施背景

大学英语的授课过程中，教师通常会对学生的阅读量提出要求，并制定本学期所需阅读的书籍清单等，这些措施对于提高学生的阅读能力是很有效的。学生的阅读量和阅读面提上去了，不仅可以从阅读中领略英语国家的民俗风情、拓宽知识面，还能够培养语感和英语表达习惯。对于非英语专业学生来说，学校并没有给他们安排专门的阅读课程，为了提高他们的阅读水平，教师往往在综合英语课堂中留出一定时间，对学生进行基本的快速阅读策略和技能训练。然而，这种做法并未带来显著的成效，弊端有以下几点。

首先，本身课堂的时间就很短，只有一到两个小时的时间，学生的

阅读时间也就只能占据很小的比例；其次，学生在课余时间放松阅读，是无法有效培养其优秀的阅读能力的；再次，学生缺乏明确的阅读目标，导致其阅读行为缺乏明确的指导；最后，教师在掌控学生阅读情况方面存在一定的局限性。所以在这种情况之下要在大学英语阅读的教学实践中引入研究性教学模式，以促进学生的学习效果。

在大学英语阅读教学中引入研究性教学模式是一种行之有效的方法，可以有效地解决上述问题，提升学生的阅读水平。研究性教学模式离不开教师对学生的指导，学生要从学习和社会生活中挑选并确定研究主题，以类似于科学研究的方式，积极地获取知识、应用知识和解决问题。其特点在于强调以培养创新和研究精神为宗旨，提倡探究式教学。该教学模式的宗旨是提升学生的自主学习和创新能力，使其能够将所学应用于实际生活中。

研究性教学模式，教师需要根据教学任务营造类似于科学研究的场景，引导学生在教师的指导下，自主选择和确定研究主题，以类似于科学研究的方式，积极探索、发现和体验，从而培养学生的创新思维和实践能力。将此方法引入英语阅读教学中，可将课堂内的阅读教学与学生课外的拓展性阅读相融合，从而拓展学生的阅读量，提升学生的阅读能力。此外，还可培养学生在信息处理、实践和创新等方面的能力，以提升其综合素质。

2. 研究性教学的实施基础和依据

这种教学模式已经得到很多理论的有力支持，而且这种教学模式也被很多教师采用。从理论上，我们可以列举一些研究性教学的理论基础，从而有力地支持这种教学模式的应用。

首先是从建构主义教学理论的角度来说明研究性教学模式的理论基础。建构主义可以分为激进建构主义、社会性建构主义、社会文化认知观点、信息加工的建构主义、社会建构论和控制论系统。有学者指出，儿童认知发展的研究材料中描述了两种学习类型，即同化和顺应。同化是指在学习过程中，新的信息被融入学习者的现有知识系统；顺应是指当学习者接受新知识的时候，需要调整原有的知识结构以纳入新的知识。这些观点的提出，为建构主义教育理论奠定了基础。而建构主义教育论主张学习者应该通过合作学习，相互交流，互相补充，使理解更为全面。由此可见，学习不是由教师向学生传递知识，而是由学生自己构建知识的过程，学习者不是被动的信息吸收者。

其次是从人本主义教学理论的角度来说明研究性教学模式的可行性。学习是学生自我评价的过程，学生必须亲身参与到各项学习活动中去，并且需要全身心地投入各项教育活动，只有这样才能激发学生的学习兴趣和热情。

（二）研究性教学的实施策略

很多学者对研究性教学模式给出了自己的意见。总体来讲，学习需要通过激发创造性思维，在实践中不断地锻炼才能发挥出来，在英语阅读的教学中就更需要这种教学方式。除了这些理论的支撑外，在实际运用这种教学方式的时候，还需要一些其他的基础来支持。

第一是需要教师的支持和配合。教师是教学环节中的一个主体。教师要运用研究性教学方法来讲授大学英语阅读课程，首先要做好各方面的准备，教师在这个过程中承担的是研究性学习的引导和指导，教师不可以轻易替学生做决定。其次教师要注意不能像以往将学习的重点放在生词难词解释、学生朗读等方面。教师要运用各种策略让学生进入学习状态当中，并积极主动地参与到研究中。教师可以根据一些问题、话题及实验，引导学生去亲身尝试和探索，并在心理和方法上提供一定的支持和帮助，让学生不断地调整原有经验，吸纳外来的知识，构建新的经验，促进自身的提高和发展。再次教师也应该了解一些基本的科学研究方法，以便更好地指导学生进行研究性学习。有学者指出，教师在这个过程要有责任感，对学生负责；教师还要具有同情心，对于一些在研究上有困难的学生，应该及时给予帮助；另外教师也可以成为学生研究小组的成员，参与到学生的活动中去。

第二是阅读材料的准备。在大学英语阅读研究性教学中，教师选用的教材可以是开启研究课题的大方向，还可以是学生研究小组基于自己选择的研究专题而选择的阅读材料。无论是教师还是学生，在选择阅读教材时应注意语言难度适中，要有一定的实用性、话题性，最好也有一定的趣味性。教师在选择材料时应该紧扣主题，为学生的研究提供一定的方向。学生在选择阅读材料时，可以选取一些英文报纸的读物，如《经济学人》等官方网站上的文章，还可以使用学校的文献数据库查询与研究专题相关的论文、期刊和文章。在大量的网络资源中，学生要做好筛选工作，要找到和研究主题相关的资料，将信息组合、处理。在这个过程中，教师和学生、学生和学生之间的沟通变得更为迅速和有效，这就达到了提升学生合作和创新能力的目的。

第三是"教学中的另一个主体——学生"。教师将学生分成小组，在课中通过协作学习的形式进行专题研究活动。这样可以使学生积极主动地去学习，加强了其团队的合作能力、运用语言知识的能力、主动建构知识的能力。教师在大学英语阅读研究性教学活动中应该注意几个方面的问题：首先，研究活动要有一定的主体，这个主体可以是教师指出的，也可以是学生自行设置的。教师可以确定大范围，学生具体定题的方法，给教师和学生都留下选择的空间。其次，教师应该强调活动的要素分析和基本流程的分析。老师应该指导学生理清思路，确定活动流程，使研究活动顺利进行。最后，教师应该向学生提出专题活动的评价标准，来保证学生不偏离轨道。

第五节　大学英语写作教学研究

一、英语写作教学面临的问题

不管是英语学习还是中文学习，写作一直都是学生在学习阶段面临的一个难题，而且几乎是让师生都"闻之丧胆"的。有研究显示，目前我国大学英语写作教学过程中所遇到的问题可以概括为以下五个方面。

（一）写作课程设置不科学

大学在进行英语教学时所设置的总课时是提前规定好的，课程也是按照课时安排的，所以在此基础上若想每周都安排写作训练，实际操作起来存在一定的难度。可以做到的就是在尽可能短的时间内适当安排写作课，或者是建议在教学大纲中明确将写作训练所需要的课时作出适当调整，这样就会引发师生对于写作训练的重视，对于学生写作技能的提高大有好处。

（二）教学方法与学习要求不适应

随着大学英语教学改革进程的推进，传统的教学方法已经跟不上学生的需求，这使一部分学生在实际学习中无法运用所学，也写不出内容充实的文章。长此以往，学生就会逐渐失去写作学习的兴趣，写作能力提升也就会是难上加难。

（三）教材不科学

从目前市面上有的教材来看，专门针对非英语专业学生所编写的参考用书还是相对缺乏，所以教材的选择空间就窄了。尽管一些"成熟"

的参考资料可以弥补这一缺陷，但是这依然不能满足学生日益增长的学习需求。

（四）教师方面的问题

在英语写作教学过程中，从教师的角度来说所面临的问题主要有两个方面：第一，教师自身就没有把写作放在教学的重要位置，主要倾向于应试考试，旨在提高学生的应试能力；第二，虽然全国范围内的各大高校正在紧锣密鼓地进行英语教学改革，但是传统教学方法也并非一朝一夕就可以转变过来，现在依然只能以教师为主。虽然教师在课堂上滔滔不绝，但学生真正接收到的信息或者是感兴趣的却很少，这必然会影响学生写作能力的有效提升。

（五）学生方面的问题

除了教师的影响外，学生自身的问题也是限制其英语写作水平提升的一个重要因素，具体表现为：第一，部分学生依然依靠教师的讲解去解决问题而不是自己主动去将问题化解，他们受传统教学模式的影响是根深蒂固的，影响了自主学习能力的提升；第二，受母语负面影响比较严重，有时也将其称为"负迁移"；第三，中西方文化间的差异还是比较明显的，这也成了制约学生写作能力提升的重要因素。

二、英语写作的心理活动

通常来说，英语写作的提升是受到多方面因素制约的，其中心理方面的因素就对英语写作教学水平的提升产生了重要影响。心理活动对英语写作能力提升的影响主要表现在四个方面。

（一）从视觉到运动觉

我们先从最基本的影响因素说起，那就要数从视觉到运动觉的发展变化过程了。可以说，视觉运动是英语写作训练过程中最基础的方式。简单来说就是学生形成最初的书写印象都是通过视觉来触发的，首先学生通过观察范文是通过眼睛来实现的，然后再经过神经系统向大脑进行传输，大脑在接收到信号之后就会形成初步的文字形象。学生在大脑中形成的视觉形象越清晰，对后面的模仿写作就越有利。基于上述因素的考虑，我们可以将写作过程看成是一个"观察-临摹-自主-熟练"不断向更高层次发展的过程。虽然写作最终呈现出来的是以手部的书写为结果的，但是我们不可否认的是起初它是以视觉为开端的。

教师应该从一开始就向学生展示优美的板书范例，因为学生的模仿能力是很强的，也喜欢模仿，所以教师榜样的力量是非常强大的。

（二）书写技巧动型化

这一概念看似陌生，简单来说其实就是要求学生在写作时要保持手部书写的连贯性，并且可以持续下去。如果从这个角度来进行思考，可以将这一过程看作是一个高度模块化的程序。在实际的运用过程中，如果学生的写作技巧不断得到提升，那么书写也将实现由词汇到短语和句子的质变。

作为教师，如果想要让学生尽快掌握这一方法，教师就要求不管是课堂上还是课下都要起到监管和督促的作用，用多样的方式引导学生进行训练，实现"人、手、脑"的并用，从而使写作能力得到有效提升。

（三）演进式的表达技能

这一表达技能是联想型构思能力的具体体现，并且实现了思维、层次想象、系统回忆和连贯言语的融合，这样就极大地提升了学生的写作效率，而且使写作过程更加合理和具有科学性。写作过程中演进式表达技能的使用使学生的综合能力水平得到提升，对学生来说具有别样的意义。

三、大学英语写作教学的内容与目标

（一）大学英语写作教学的内容

1. 语言知识方面的教学

写作对于语言来说其本质是一种语言输出形式。从这个角度来说，英语写作教学首先要做的还是有关语言的基础知识教学，包括词、句、段、章等方面的相关知识。但是从我国目前的大学英语教学现状来看，教学中有关英语写作方面的课时比重是非常少的，甚至英语专业的学生也少有有关写作方面的课程安排。目前，虽然网络教学有所发展，但是不少学校仍然采用的是课堂教学模式，学生们对语言知识的获得还是主要通过课堂来实现。所以从这个角度来说，课堂教学质量会对写作教学产生重要的影响。

2. 对影响写作教学的因素的研究

英语写作是一个包含范围很广的概念，这也就决定了它会受到多方面因素的影响。这些因素包括学生的年龄、性别、知识储备、阅读习惯和思维方式等；教师层面包括教师的个人魅力和教学风格等；还有来自其他方面的，如所要求写作的方向、文章的体裁等。这就要求教师在进行英语写作的教学过程中一方面要和学生针对这些影响因素展开讨论，另一方面还要从学生的角度出发，认识到每个学生的基础是有差别的，要采取差别性教学方式进行教学。

（二）大学英语写作教学的目标

大学英语写作教学有一般要求、较高要求和更高要求，具体内容如下。

1. 一般要求

（1）学生可以具备书写日常应用文的能力。

（2）学生已经基本上掌握了写作需要具备的基础技能。

（3）学生可以在半小时内单独完成一篇立意明确、结构合理的 120 个词左右的短文。

（4）学生可以在现有能力的基础上描述一些日常事件。

2. 较高要求

（1）学生可以利用所掌握的词语或句式书写一篇与专业有关的英语小论文。

（2）学生可以使用英文解释相关的图表内容。

（3）学生可以针对一些常见的主题阐述自己的观点。

（4）学生可以在半小时内完成一篇内容完整、结构合理且表述清楚的 160 个词左右的文章。

3. 更高要求

（1）学生可以熟练运用掌握的词汇进行内心情感的抒发。

（2）学生可以在半小时内完成一篇中心明确且用词合理的不少于 200 词的文章。

四、大学英语写作教学新方法

（一）平行写作教学法

平行写作教学法可以理解为教师提前针对所要写作的方向给出一篇立意明确的示范性文章供学生参考，学生可以根据这篇范文得到一定的启发，确定自己所写文章的方向和内容，再根据自己的理解进行写作。

（二）网络辅助写作教学法

人类迈入 21 世纪后，信息技术得到大力发展，尤其是计算机网络的快速发展和多媒体软件在教学中的广泛应用，这些都为写作过程中遇到的一些难以解决的问题带来了福音。因为网络具有以往任何教学方式所不具有的更大的自由性和不受时间和空间限制的特点。学生在网络的辅助下，甚至可以直接和一些以英语为母语的西方国家的人进行直接接触，这样一来，他们所接收到的就是比较纯正和地道的英语了，甚至可以最大限度地了解西方国家的文化背景和风土人情，以此来区分中西方间的差异，然后激发学生的学习兴趣，促使自主学习能力的产生。

网络辅助英语写作教学就是学生自主学习能力的体现，它在很大程度上是从学生的角度出发，在教师的指导和监督下开展学习。教师在使用网络辅助写作教学法的过程中可以通过先给学生们布置一个主题学习任务，学生通过网络来进行网上资料的搜集、组织、总结后，再将这些资料为自己所用，成为写作的素材。这一过程更多体现的是学生的自主性学习能力，而教师的作用就相对减弱了，只是起到一个辅助的监督和指导的作用。

第五章

大学英语教学模式创新研究

本章的主要内容为大学英语教学模式创新研究，共包含三节，分别是高新技术下的大学英语教学、大学英语教学模式的构建与创新、多元互动背景下的大学英语教学模式。

第一节　高新技术下的大学英语教学

一、慕课与大学英语教学

（一）慕课背景下翻转课堂的特点

在慕课背景下的翻转课堂，主要特点有以下几点。

1. 资源共享

慕课下的翻转课堂的资源共享对教师和学生都有价值。对于教师而言，慕课以互联网为载体，收集海量的教学资源，这些资源可以为教师提供充足的备课资料，可以提高教学质量；对于学生而言，慕课有丰富的学习资源，学生在课堂之外，可利用慕课的翻转课堂点击、浏览其他学校的学习资源。慕课最大限度地使教学、学习资源得到共享，慕课俨然成为一本教学与学习的"教科书"。

2. 合理分配时间

在传统的教学模式中，由于受到时间和空间的限制，很多教师在教学过程中都注重对知识的讲解，特别是对那些重点字词、句子、段落、文章主旨等的讲解。这些讲解往往会花费掉整节课的一大半时间，使得对于能拓展学生知识的一些阅读背景、文本赏析及一些拓展性、发散思维的练习不能及时跟上。而慕课下的翻转课堂则不会受到时间和空间的限制，学生可自由分配学习时间。即使在课堂上没能掌握的拓展知识，也可在课下自己调配时间进行学习。

3. 个性化教育

个性化教育是现代教育的主题，不同的学生对于知识的掌握及学习习惯、学习能力等方面都有所不同。慕课下的翻转课堂可根据不同学生的情况设置不同的学习模式，学生可结合自身情况，选择适合自己的学习模式。学生成为学习的主角，不论是水平高的还是水平低的学生，都可以在翻转课堂里找到适合自己的学习模式，从而控制学习时间，保证学习效率。翻转课堂的个性化教育，符合现代教育的要求，这也是未来教育的趋势。

（二）基于慕课的翻转课堂在大学英语阅读教学中的应用

应用翻转课堂的教学设计必须要以大学英语阅读教学要求和大纲为前提，教师要根据每个单元的教学内容来设计翻转课堂的教学视频、教案等。在教学环节设计中，可根据教学内容设置以下三个模块。

1. 课前输入模块

课前输入模块可以说是直接关系到教学质量的重要模块，在这个模块中，教师需要把教学的内容进行整理、输入。例如，在教某篇文章时，教师可从背景知识介绍、文本赏析、词汇讲解、课后练习、能力提升五方面进行设计。教师可在网上收集与阅读材料相关的影视作品、图片、音频等，整理上传，把学生带入特定的学习情境中。词汇讲解时可自行录制讲解视频或查找其他教师与之相关的视频，再结合自身的讲解一起呈现给学生。课后练习板块则可以利用 PPT，把练习题目与答案详解准备好，让学生在练习后对照自己的答案，根据答案详解找出自己错误的原因并加以改正。能力提升部分，教师可让学生根据所学内容编写对话，或用英语谈谈对该篇文章的看法。这样，有了完整的输入板块，就可为输出板块奠定基础，做好相应的教学服务。

2. 课中输出板块

课中输出板块包括两大方面的内容：一是对课前布置任务的检查，二是学生的实践情况。针对不同的课前任务，教师的检查方法也可以不同。例如，可采取抽问、讨论、复述、情景对话、补全课文等方式来检查学生的课前任务完成情况。输出板块对学生知识的学习、巩固具有重要的作用。在知识输出时，凡是学生不理解的内容，教师都可以补充讲解，以加深学生对教学内容的理解。最后，通过学生的实践来检验翻转课堂的教学质量和学生的学习情况。学生实践部分可设置不同的形式，如根据教学内容写独白、情景对话、编写故事或续写故事等。学生通过实际的训练，不仅可以了解自身对知识的掌握情况，还可以增强对知识的运用能力。

3. 课后反馈板块

课后反馈板块是控制教学质量的重要板块，课后反馈有评价和强化两大部分。首先，学生对自己的课堂表现作出评价，教师也需对学生的表现作出评价。其次，针对课堂学习过程中学生暴露出来的问题进行指导和解决，避免同样的问题再次发生。通过课后评价与强化，逐步提高学生的学习能力，完成教学目标。

二、互联网与大学英语教学

（一）网络环境下的大学英语教学模式

1. 大学英语网络教学模式的构成要素

（1）教学理论

英语网络教学中最主要的理论依据是建构主义理论，建构主义注重以信念、原有经验、心理结构为基础来建构知识。建构主义理论指导下的英语网络教学强调教师是指导和帮助学生学习的引导者和辅助者，不再是知识的灌输者；学生是自身认知结构的构建者，不再是被动的接受者。这些构成了英语网络教学模式赖以形成的思想基础。

（2）教学目标

教学目标是指在英语网络教学中，教学活动所要开展的方向以及预期要达到的效果。教学目标决定了网络教学模式的构建以及发展方向，例如，以提高学生词汇及语法能力为教学目标的课程应选用网络自主学习模式，以提高学生语言应用能力为教学目标的课程应选用网络任务合作模式。

（3）技术环境

技术环境主要包括局域网、互联网、校园网、广域网及计算机设备等，网络教学模式的技术环境主要受到设备自身的性能、信息传输条件等的制约。

（4）教学策略

教学策略是指在英语网络教学中所开展的过程与方法的总和。教学策略的选择和使用关系教学模式是否能有序进行。教学策略不同，也会对教学模式产生一定的影响。

（5）人机角色关系

人机角色关系中的"人"是指"教"与"学"的对象，即教育者和学习者，"机"是指计算机网络设备。英语网络教学中的人机角色关系主要包括两个方面：一是指教师与学生之间的关系；二是指教师、学生与计算机网络设备之间的关系。在英语网络教学模式中，不同的师生关系与计算机网络设备终端形成的关系共同构建了特定的英语网络教学模式。

2. 大学英语网络教学的主要模式

（1）网络自主学习模式

网络自主学习模式注重个性化教学和自主学习，学生是整个教学的中心，教师只是起到辅助教学的作用。

（2）网络自主探究模式

网络自主探究模式的要素是：学生＋任务＋参考资料＋教师。这一模式一般不是用于教授学生词汇、语法等方面的语言基础知识，而是主要用于培养学生的语言应用能力。

在网络自主探究模式中，教师会给学生布置语言学习任务，如阅读某一文学作品后写感想，或翻译某段指定文本，或观看某一英语原版影片后写影评等。教师会提前给学生提供一些必要的指引，如上传一些相应的辅助资料，或是提供一些可参考的图书列表等。在学生完成任务的过程中，教师还会及时地通过邮件与学生进行交流，对学生提出的问题予以解答。可以说，学生在模拟完成一个真实的语言学习任务的过程中，通过教师的不断指导，加之自身不断提升，最终达到熟练掌握语言技巧的目的。

（3）网络任务合作模式

网络任务合作模式的构成要素是：学习小组＋任务＋参考资料＋教

师。这一模式主要是通过学生组建学习小组，利用网络资源，完成教师指定的较为复杂的语言任务，从而增强学生的团队合作意识及提高学生的综合语言运用能力。这里的任务通常是与学生的社会生活或者工作有关的，如策划一次集体活动或者研究大学生就业形势等。

在任务合作模式中，教师的作用比较重要。首先，教师要按照学生的语言能力及综合能力水平等对学生进行分组，并提供必要的资源索引。其次，在学生完成任务的过程中，教师要及时对其出现的问题予以指正，协调小组合作时可能出现的成员矛盾，从整体上把控学生完成任务的进度，并在任务完成后开展评估工作。学生的任务主要是进行小组内部任务分工，定期进行阶段性评估，最后总结发言并提交作品。

在以上整个过程中，学生应尽量使用英语。比如，使用英语进行沟通，用英语总结发言，最后提交的作品用英语书写。这种教学模式是通过构建一个虚拟的任务情境，让学生在完成任务的过程中得到语言综合应用能力的提升，同时也有助于培养学生的团队合作能力。

（4）网络综合教学模式

在实际英语网络教学中，单一的教学模式往往不能满足不同教学目标的需要，通常要将上述几种教学模式根据具体情况综合使用，这就是我们所说的综合教学模式。例如，在网上开设大学英语泛读课程，教师要求学生在课前根据某一单元内容制作网络课件并展示。当学生展示完课件后，教师组织学生阅读课文，并进行网上课后的填空、选择、判断等练习。最后，要求学生翻译其中的某段课文或是写一篇读后感想，这样一堂课程就涉及自主接受模式、自主探究模式及集体传递模式。

（二）网络环境下大学英语教学模式的优势

1. 有利于提供大量的学习资源

网络可以给学生提供大量的学习资源，并且这些资源的更新速度很快。因此，从网络获取的资源具有时效性，其实用价值也相对较高。另外，英语教学非常注重培养学生的语言技能与相关的文化知识。由于传统教科书的文化知识内容受版面的限制，常常很难满足学生对文化知识的需求，而网络则可以不断地为学生提供全方位的文化知识，有效地提高学生自身的文化素养。

2. 有利于提供新的师生交流平台

网络教学能够拓展师生的课下交流平台，学生可以通过论坛给教师或同学留言，也可以通过发帖的形式提出问题或回答他人的问题；教师可以通过平台的通知板块为学生提供学习建议，提出学习目标或是发布近期作业。此外，在大学英语教学中，教师可以通过网络教学中电子邮件来加强师生之间的课下交流与沟通。

3. 有利于培养学生的自主学习能力

传统的英语教学主要是以教师为中心，采用的是灌输式的教学模式，主要以教师的讲解为主，学生只是被动地接受教师传授的知识，学生的参与度很低。

网络平台的使用解决了这一问题。在网络教学中，学生可以通过操控网络学习平台，不受时间和空间的限制进行自主式学习，自主选择课程，自主安排学习进度，通过人机交流的方式进行语言练习，从而实现真正意义上的个性化学习。学生学习语言知识不再仅仅依靠教材和教师，而是通过网络自主学习，在构建自己的知识体系的过程中逐步提高自身的综合语言运用水平。

三、新媒体技术环境下大学英语教学的发展走向

第一，树立以人为本的新型教育理念。在时代及素质教育飞速发展的背景下，新课改要求树立以人为本的教育理念，尤其是在新媒体技术

环境下，更新教育观念是大势所趋。我们要充分认识到，教育技术是中国教育改革和发展的制高点，新媒体技术逐渐融合到各个学科，促进了教学手段的不断完善和更新。为了顺应新环境下大学英语教学的发展要求，我们就要对教育教学理念和手段进行创新，借助推广大学英语教学技术的基本理论、信息化的教学手段、现代化的教学设备及新媒体教育信息采集技术等，不断完善教学过程和教学环节，为事半功倍教学成效的获得做强而有力的铺垫。

第二，新媒体技术是一把双刃剑，因此，在运用新媒体技术更新教育理念和教学手段之时，要充分结合教学实际及学生的个性特征，发扬传统教学模式的优势，结合新媒体技术，把教学的成效发挥到极致。与此同时，新媒体技术的运用，需要高素质的师资队伍作为保障，这就需要教师必须具有热爱教育事业、热爱学生，为教育事业奉献终身的精神，而且还要不断开拓进取，在顺应大学英语教学要求的前提下，不断总结实践经验，拓展和夯实自己的理论基础和实际教学技能，包括更新教学手段、完善教学内容、提高自我素质等，为以人为本的教育理念的更新做好铺垫。

第三，创新对学生的培养模式。不管是从时代发展的层面还是新课改的改革层面来看，传统意义上单调、枯燥的教学培养模式已不能满足新形势的要求，只有不断改革和创新教育教学模式，才能顺应时代发展的潮流。在新媒体环境下，我们要注重从以下几方面去创新对学生的培养模式：首先，学生是信息加工的主体，是意识的主动建构者，因此，要合理运用新媒体技术，尽可能地在最大程度上将学生的主体地位凸显出来，不断培养学生学习的主动性、积极性；其次，新媒体技术能够创设出生动有趣、逼真形象的教学情境，可以充分运用这一点，调动学生的感官及学生参与到课堂教学中的兴趣，在引起学生共鸣的基础上，使其实现从感性认识到理性认识的升华，不断开阔视野和扩大知识面；最后，众所周知，生活即教学，应当在新媒体技术的推动下，尝试着将课堂"搬出"教室，诸如通过组织学生参加拓展训练活动、社会调查、市场调研等，积极地开辟校外市场，让学生接触到更多的知识，更能把握现代社会的发展节奏，为其步入社会打下坚实而有力的基础。此外，创新学生的培养模式，意味着教育工作者要随时能够把握时代和素质教育发展的脉搏，要求教育工作者不断审时度势，加强与各行业的沟通和交流，为教育理念的更新及教学资源的补充提供更大的活力，在潜移默化中促进自身的成长，做学生的良师益友，改善新媒体技术在教学运用中的单一性。从一定意义上说，新媒体的出现为教育教学提供了不可替代的力量，促进了大学英语教学迈向更高的台阶，但不可忽视的问题是，虽然新媒体技术能够将教学内容更加生动、形象地展示给学生，在一定程度上吸引了学生的注意和关注，但凡事都有两面，新媒体技术并不是万能的，它只是将其他媒体的优势加以综合，但并不一定能够将其他媒体所具有的优势全部发挥出来。这就要求我们在大学英语教学中，结合教学实际及学生的学习情况，合理搭配、设计应用新媒体，尽可能更全面、全方位地将所要教授的内容充分展示在学生面前，让学生在第一时间就能够汲取到所要吸收的知识营养，使得教学成效能够在最大程度上得以发挥。教师还要不断学习新媒体技术的运用和整合技能，在遵循实际的前提下与其他媒体相结合，改变新媒体技术的单一性，在取其精华、去其糟粕的基础上为教学质量的提高助力。

随着时代的发展，社会对人才的需求日益显著，培养高素质的人才成为英语教学的重要目标。要想实现教育现代化，新媒体技术的优势不可或缺，我们在改革和完善大学英语教学的进程中，要合理地权衡新媒体技术的利弊，在英语教学中充分发挥新媒体技术的魅力，新媒体技术在大学英语教学的应用中也要不断更新、完善，为社会的发展服务。

第二节　大学英语教学模式的构建与创新

随着我国高校英语教学改革的不断深入，大学英语课程体系和教学模式呈现出新的特点和趋势，信息技术对传统教育的影响逐步加深，云计算、大数据、人工智能等的广泛应用使我国高等英语教学进入智能化、感知化、泛在化的智慧教学阶段。为推动我国大学英语教学改革进一步深化，大学英语教学模式应进行积极创新，以便适应教育发展的大趋势，培养出更多满足社会需求与国家发展需要的英语人才。

一、多维度视角下的大学英语教学模式

（一）大学英语教学模式的实践

1. 任务型教学模式下学生自主学习能力的培养

（1）任务型教学模式的含义及特点

任务型教学是由当前交际法发展而来的，它是 20 世纪 80 年代英语教学研究者经过大量研究和实践提出的一个具有重要影响的语言教学模式。该模式是 20 年来交际教学思想的一种发展形态，它把语言运用的基本理念转化为具有实践意义的课堂教学方式。学生在教师的指导下，通过感知、体验、实践、参与和合作等方式完成任务。该模式提倡"意义至上，使用至上"的教学原则，是一种以人为本，以应用为动力、目标和核心的教学途径，要求学习者通过完成任务，用目标语进行有目的的交际活动。

任务型教学模式中的"任务"可分为两类：一类是"教学任务"，即学生在课堂上的学习活动；另一类是"真实任务"，即在日常生活中从事的各种各样的事情。"任务"中的问题不是语言问题，但需要用语言

来解决，学习者使用语言并不是为语言本身，而是利用语言的"潜势"达到独立的交际目的。任务型教学模式是交际法的一种新的形态，是交际法的发展，而不是交际法的替代物；任务型教学强调教学过程，力图让学生通过完成真实的生活任务而参与学习过程，从而让学生形成运用英语的能力；任务型教学虽然强调学生运用英语进行交际的能力，但从更广泛的层面强调培养学生的综合运用能力；任务型教学强调以真实生活任务为教学的中心活动，修正了以功能为基础的教学活动中存在的真实性不足的问题；任务型教学要求教学活动要有利于学习者学习语言知识、发展语言技能，从而提高实际语言运用能力。

（2）任务型教学法的基本原则与教学过程

任务型教学法是指将任务置于教学法焦点的中心，它视学习过程为一系列直接与课程目标联系并为课程目标服务的任务，其目的超越了为语言而练习语言，即一种将任务作为核心单位来计划、组织语言教学的途径。任务型教学过程分任务前阶段、任务阶段和语言焦点阶段。任务前阶段包括介绍话题和任务。在这一阶段，教师和学生一起探讨话题，教师着重介绍有用的词汇和短语，帮助学生理解任务指令和准备任务。这个阶段主要为学习者提供有意义的输入，帮助他们熟悉话题，认识新词和短语，其目的是突出任务主题，激活相关背景知识，减少认知负担。任务阶段包括任务、计划和报告。学生以结对子或者小组活动的形式完成任务，教师不进行直接指导。学生以口语或者书面的形式在全班汇报他们是怎样完成任务的，他们决定了或发现了什么，最后通过小组向全班汇报或者以小组之间交换书面报告的形式来比较任务的结果。这个阶段为学习者提供了充分的语言表达机会，强调语言的流利性，交谈中语言的使用应该是自然发生的，不要求语言的准确性。语言焦点阶段包括分析和操练。在这一阶段，着重分析课文中出现的语言特点和难点。在分析中或者分析后，教师引导学生练习新的词汇、语法并指出语法系统是极其有价值的。这个阶段的目的在于帮助学生探索语言系统知识、观察语言特征并将它们系统化，从而清晰、明了地掌握这些语言规则。任务型教学的倡导者认为，掌握语言的最佳途径是让学生做事情，即完成各种任务。当学习者积极参与目的语的练习时，语言也就被掌握了。学生注意力集中在语言所表达的意义上，努力用自己掌握的语言结构和词汇来表达自己的思想，交换信息。任务型教学追求的是给学生提供大量的、尽可能丰富的内容，让学生明确自己的学习目标，并在交际过程中合理分配注意力，从而使语言运用能力得到持续、平稳的发展。

2. 内容型教学模式在教学中的应用

（1）内容型教学法的基本原则

① 教学决策建立在内容上

语言课程的设计者和教材的编写者在设计阶段面临的两个问题就是内容（包括哪些项目）的选择和排序。在传统的教学方法中，不少方法如语法翻译法、听说法，它们通常按照语法的难易程度编写。例如，一般现在时比其他时态更容易学习，在教材的编写和教学中自然处于优先学习的地位，根据此原则编写的教材和教学内容，把容易学习的内容放在初学阶段。然而，内容型教学法颠覆了传统方法中内容的选择和排序原则，彻底放弃了以语言标准作为教学的出发点，而是把内容作为统率语言选择和排序的基础。

② 整合听说读写技能

以往的教学法常常以分离的、具体的技能课如语法课、写作课、听说课的形式进行教学。内容型教学方法则在整合听、说、读、写四项基本技能的同时，将语法和词汇教学包含于一个统一的教学过程之中。由于语言交流的真实情景，以及语言的交互活动涉及多种技能的协同合作，由此派生出这项教学原则。同样，内容型语言教学反对在课堂上按照先听说、后写作的教学顺序开展。它没有固定的、一成不变的技能教学顺序，相反，它可从任何一种技能出发。可以看出，这一原则是第一个原则的引申，是内容决定、影响教学项目的选择和顺序原则的具体表现。

③ 教学的每一个阶段都要求学生积极地、主动地参与

自交际法产生以来，课堂的中心从教师转向学生，"做中学"成为交际语言教学的基本原则之一。任务型教学法是交际法发展的分支，它强调学生应在完成任务的过程中进行探索性、发现性的学习。同样，内容型教学法也是交际法的分支，它重视学生在参与学习的过程中积极主动地学习。主张内容型教学模式的学者们认为，语言学习应产生于将学生暴露于教师的语言输入中；同时，学习者还可以在与同伴、同学的交往中获得大量的语言信息。因此，在课堂的交互学习、意义协商和信息收集及意义建构过程中，学生承担着积极的社会角色。

④ 学习内容的选择与学生的兴趣、生活和学习目标相关

内容型教学法的内容选择最终决定于学生和教学环境，教学内容通常与具体的教学和教育环境中的教学科目平行进行。因此，在中学阶段，英语教学内容可以来自学生在其他科目如科学、历史、社会科学中学习的内容。同样，在高等教育中，学生可以选修"毗邻"语言课。"毗邻课"是两个教师从两个角度教学同一内容，从而达到不同的教学目标的课型。在其他教学环境中，教学内容可以根据学生的未来发展需要和一般的兴趣特点进行选择。事实上，由于对于哪些内容是学生普遍感兴趣或者直接相关的很难确定，教材的编写者、使用者都很难把握这一原则。但是，由于每个内容单元的教学时间长，教师有大量的时间和机会把课程内容与学生的兴趣以及他们已经具备的知识结合起来。因此，让学生对所选内容感兴趣是内容型教学理论实现的重要基石。

⑤ 选择"真实的"教学内容和任务

内容型教学的核心是真实性,它既要求课文内容的真实,又要求任务内容的真实。一首歌谣、一个故事、一段卡通都可以作为真实的教学内容,把这些真实的内容放置于英语教学课堂上,将改变它们原本的目的,从而服务于语言学习。同样,任务的真实性也是内容型教学的目标,反映真实世界的实际状况。

(2)内容型教学法的教学模式

① 主题模式

主题模式通过主题形式来组织教学。主题教学模式强调学习语言所表达的意义,但并不忽视对于语言形式的学习。学生通过主题的建构,学习有关社会生活的知识,通过细节环节,学习词、短语、句型和语法知识,从而把意义与形式有机结合起来。要想实现教师引导与学生自主学习的统一,教师的职责在于为学生创造学习的语境,并给予正确的引导与示范。教师把以主题为主的认知结构的建构、拓展和深化的任务交给学生,这样就从真正意义上培养了学生的自主性。

② 附加模式

附加模式是指语言教师和学科内容教师同步教授相同的内容,但是他们的教学重点和教学目的不同。语言教师的教学重点在于语言知识,完成语言教学目标,而负责学科内容的教师重点在于对学科内容的理解上。例如,一个英语教师和一个心理学教师都以心理学为内容进行教学。其中,英语教师将心理学材料作为英语语言课程的内容,其教学目的是提高学生的英语使用能力;而心理学教师的教学目标是完成心理学学科内容的教学。因此,在英语教师的课上,学生的主要任务是通过对富有挑战性的内容的理解和吸收,从而较快地理解难度较大的内容,并在语言教师的指导下,快速学会语言。

（二）美学视角下的大学英语教学模式

在求知的路上阅读哲学书籍，有利于思想体系的丰富、完整。作为哲学领域一个分支的美学，也理应受到我们的关注。如果利用得当，美学就会对英语教学起到不可估量的作用。文本是指与读者发生接触关系前的自在状态，是属于作者的东西，具有意义势能；在审美主体与作品发生鉴赏关系后，作品已由作者创造的对象，变成了由鉴赏者继续创造的对象，作品的意义势能已经转变为动能而做功。在大学英语教学中，我们虽然不能要求学生做这样的纯美学的鉴赏主体，但对文本的基础意义也绝不应断章取义。

1. 英语教学与美学在理论上的结合

（1）师生互为审美主客体，英语为双方共同的审美客体

人类的审美活动是人类一切活动中最基本的活动之一，对美的追求是人类的一种永恒追求。人类对世界的改造，也总是按美的规律来进行的，而且这种改造活动总是从不自觉走向自觉的。大学英语课堂教学，实际上也是一种人们改造世界的实践活动。教师通过传授英语知识，使学生们从初步掌握再到灵活运用，最终达到用之于社会、改造社会的目的。这种实践活动是一个漫长而又艰苦的过程，经常伴随着失望与挫折。若再加上大学英语教学课堂的枯燥无味，师生不善于发现英语语言中的美的规律，英语的"教"与"学"势必成为为"教"而"教"、为"学"而"学"的负累。

审美主体，指审美行为的承担者，它是精神活动、情感活动、自由生命活动的主体；审美客体，就是具有审美价值，能满足主体审美需要的客体。在大学英语教学中，教师与学生互为审美主客体，英语作为课堂上的目的性语言成为师生共同的审美客体。在课堂上，如果教师把一

堂课讲得错落有致、酣畅淋漓，那么不仅达到了教学目的，完成了教学要求，还会让学生欣赏到教师的讲课风采，领略到英语本身的魅力，激发其对英语的兴趣，那么，我们就可以说这位教师真正懂得讲课艺术，而且也理解英语教学中美的规律。同样，若学生很快领会教师的意图，与教师积极认真地配合，则此时教师就可作为审美主体，来欣赏学生在学习和运用语言时所发挥出的创造性的美。

当我们说某物是美的，这就意味着我们对该物抱有一种肯定性的态度和情感，而这种态度和情感则是同该物对我们的身心具有一种能引起愉悦感的作用相联系的。英语，作为英语课堂上师生共同的审美客体，自然有它本身的合目的性和合规律性。首先，随着全球经济一体化的加速发展，作为公认的、共同的语言交际工具的英语受到各国的广泛重视，各种频繁的文化、技术交流要求人们在尽量不使用翻译的情况下能直接熟练地运用英语进行对话、谈判、信函等往来。因而，英语对于我国大学生来说，已成为将来进入社会的必备的谋生手段之一。所以，英语是符合社会发展需要、满足广大青年学生参与改造社会的愿望的，它是"合目的性"的；其次，美学中的"合规律性"是指事物属性因素的有规律组合，如整齐一律、调和对比、均衡对称、比例匀称等。熟悉语言学的人们都知道英语语言学包括音韵学、音位学、语义学、修辞学等，专门研究英语语音的韵律、词形转换的均衡对称、语法的整齐一律、修辞的多样统一等，这一切表明英语有其内在的规律性。所以说，英语是符合美学规范的，关键在于我们要透过表象挖掘其潜藏的美的规律。

（2）学习话语，培养审美兴趣

形象、生动、凝练、富于音乐性是文学话语的普遍特点，人们一般把话语分为普通话语和文学话语。普通话语是外指的，即指向语言符号以外的世界，普通话语必须符合生活逻辑，经得起客观真理的检验；文学话语则是内指的，即指向文本中的艺术世界，有时它可不必完全符合生活逻辑，只要与整个艺术世界氛围相统一就可以了。

（3）交际教学法中美学的存在

人类的审美需要，本质上是一种"乐生"的需要，而所谓审美活动，实际上就是一种人通过自身的生命活动而获得快乐的活动。"乐教"之所以为古代教育家特别重视，是因为它不是一种强制性的教育手段，而是一种寓教于乐的、以心灵感化为特征的教育方式。

纵观西方英语教学史，在历经语法-翻译法-直接法-听说法等后，交际语言教学法受到普遍关注，近年来在我国此种教学法也颇为流行。交际法要求"教师知道学习者的需要和兴趣，而且能设想出各种方法去利用这种了解选择语言输入，创造比较现实的练习语言的活动。教师应该比较灵活，能够成功地组织以教师为中心的、有控制的第二语言形式教学，又能组织比较自由的、控制不严格的练习，提高学生的流利程度，还能够创造良好的、互相配合的课堂气氛"。

在采用交际法进行英语教学时，如果再有意识地应用美学思想，正确地引导学生发现英语的美，那么学生们在学习的过程中就会觉得更加轻松与愉悦，这也符合自然教学法中的"情感筛选"原则：情感筛选严格的学习者没有学习动力，使用第二语言时感到紧张与尴尬，所以能够习得的语言输入是很少的；有信心的、热情的学习者，情感筛选不太严格，他们会去寻求尽可能多的语言输入，而且其中的大部分会被吸收。

2. 英语教学与美学在实践中结合的尝试

（1）在听力训练中欣赏语音美

听力在学习语言过程中是极其重要的，按乔姆斯基的普遍语法说，人类先天就有对语言的感应。那么，这种感应在后天 90%是通过听来验证的。小孩子在未出世时通过听周围的说话声便学会了说某种语言，因而，听力在学习英语中的重要性可想而知。我国学生在学英语时听力条件相对薄弱，没有足够的英语电视、广播，没有足够的外籍教师。因而只能"因陋就简"，在听力课上引导学生感受纯正英语的音律美。英语不像中国的方块字，读起来字字铿锵，掷地有声。它是一种流线型的文字，高低起伏，里面的重音及升降调，时时似峰回路转，又激起千层浪。再加上连读、爆破、弱音等各种语音形式，使得英语听起来颇有余音绕梁、韵味无穷的美妙。很多学生在中学时从未上过听力课，到大学刚一接触语音室便如临大敌，紧张得茫然不知所措。绝大多数学生都是为听而听，为了考试过关只求做题准确，非常疲劳。这时，遵循美学原理中人类"乐生""乐教"的审美原则，耐心指导学生，放松心情，揣摩英语特有的韵律，而不盲求准确率与速度，并推荐其他教材，细细品味、体验，并且教学生用听写的方式记录下磁带的内容，标出音调变化。然后，让学生模仿纯正流利的语音语调，读出节奏，读出高低起伏，从而达到在听力训练中愉悦地感受英语语音美的目的。

（2）在课文讲解中展示英语的意蕴美

在美学原理中，主体审美尺度里的形式意蕴尺度指根源于人的社会文化心理结构和作为社会生命体的活动规律，它侧重于形式所蕴含的社会意义，这也正是给学生讲解精泛读课文时的重点所在。因为学习一种语言，不仅要学习它的词汇、读音、语法，更重要的是学习语言形式所承载的社会文化信息，欣赏它展示给学习者的意蕴美。意蕴是指文本所蕴含的思想、情感等深层次的东西，它所表现的内容可以归根于历史、现实社会或哲学范畴。

二、大学英语教学模式的创新

（一）"现代型教学"模式

1. 教学观的转变

现代教学观是主张以教师为主导、以学生为主体、以就业为导向，实现培养目标和培养规格，并以现代新技术为支撑的教学观点。采用以网络技术为依托的实验手段，运用计算机、多媒体和远程通信技术，对教学内容、教学组织形式进行彻底变革。利用网络教学、双向教学、远程教学拥有的软件资源，开发学生智力，培养其自我学习与探索新知识的能力。

现代型教学具有时代的开放性，以现代信息技术为依托，将教学、科研和应用有机结合，以教研促科研，以科研带教研和应用，与传统型教学相比具有如下特点。

（1）教学观念的创新性

在教学思想方面，现代型教学比较注重知识的专题性、前沿性、开拓性，以现代信息技术为依托，重点放在实践教学上，以社会需求和培养应用型人才为目标，以创新为目的。

（2）教学内容的互补性和实用性

现代型教学在高校的应用体现了系统教学与专题研究、理论教学与实验教学、研究与应用的紧密结合，教学内容的选取是以社会需求为目标、以技术应用能力的培养为主线，突出实用性，重在培养学生独立发现问题、解决问题的思维和实际操作能力。

（3）教学方法的直观性和科学性

现代型教学不仅利用传统的挂图、模型、幻灯、投影仪等教具，还有效力利用了现代科学技术手段，充分利用了网络、多媒体，综合了计算机、图形、图像处理、电子技术、影视艺术、音乐、美术、教育学、心理学、教学法等诸多学科与技术，集文字、图形、图像、声音、视频、影像、动画等各种信息于一体，使得抽象、深奥的信息知识简单化、直观化，缩短了客观事物与学生之间的距离，并能充分调动视觉、听觉能力，集中学生的注意力，提高其掌握知识的能力。

（4）教学模式的职业定向

现代型的教学主要以社会需求为目标，以某一岗位群为目标来组织教学，培养学生的职业能力，因此具有明确的职业定向性。

（5）教学能力的知识性

现代型教学将基础教学与应用教学、传授知识和研究新课题结合起来，并立足于学科的前沿，以培养适应时代的创新人才。现代型教学要求教师不断更新知识，力求在教学中做到"新、博、独、深、精"。"新"即用新观念、新思想、新方法，讲授新内容，使学生有耳目一新之感；"博"，即知识渊博，讲授内容广博，信息量大，使学生广学博收；"独"，即用独特的方法，讲授独到的见解，培养学生独立思考、独立研究的能力；"深"，即深入讲授、深入探索、深入研究，有意识地培养学生探索和研究问题的意识以及信息调研的能力；"精"，即精心准备、精心实施、精讲多练，使学生易学、易记、易用。

总之，我们每位从事高校教育的教师，都必须以提高学生的实际应用能力为目标，认清从传统型教学向现代型教学发展的必然性，从教学观念、教学内容、教学方法、教学模式和教师知识结构等方面深入探究现代型教学及其特点。

2. 现代课程观

教学内容和课程体系的改革应遵循以下基本原则：（1）必须反映当今社会的生产力水平及科技新成果，有利于促进生产力发展；（2）要反映人才培养目标和规格需要；（3）要体现近代文化、科技创新；要精选教学内容，因材施教，以利于学生能力的培养与可持续发展。

课程的设置与内容的选取：以社会需求为目标，以应用能力的培养为主线，设计相应的培养方案、课程与教学内容，基础理论课程以应用为目的，实践教学应占有较大的比例，着重培养学生的应用能力。

3. 教学方法的转变

第一，由传统方式向互动式转变。传统教学把重点放在"什么是什么"的事实类知识的传授上，学生处于被动的地位，并过分依赖于教师的讲授，缺乏对知识结构的深入探讨。互动式教学是以动态问题为主，启发学生主动思考、积极参与，教师的主导作用主要体现在知识的引导与教学的组织上，并将教师的主导思想，转化为学生自主学习的行动，从而获得良好的教学效果。

第二，由封闭式向开放式转变。现代型教学以现代高科技信息技术为依托，将以学校为主的传统封闭式教学转变为开放式教学，通过校园内外的网络开通多媒体教学、空中课堂、网上教学，及时获得新的知识，"信息高速公路"的实现必将成为最理想的开放式教学手段。

第三，由理论教学向实践教学转变。传统教学着重于理论教学，并强调理论的系统性和完整性；现代型教学则着重于实践教学，使学生拥有充分的时间进行实训以掌握技术要领，尽快地提高学生的实践能力，现代型教学的优点在于采用因材施教的分层次、个性化教学手段。由于各高等院校大量扩招，导致在校学生人数众多，大班教学目前还普遍存在。在此情况下，协同学习成为一种很好的弥补方式。通过课堂讨论学习的方式，使学生之间学会交流、合作、竞争，在此基础上积极创新，发现学生个性，分层次、分阶段地实施教学，逐步完成因材施教的个别化教学。

4. 现代型教学的实践模式

在高等教育领域，国际上比较成功的现代型教学实践模式有：德国的双元制教学模式，即企业与学校合作进行职业教育的模式。受训者既是企业的学徒，又是学校的学生，一身二属，故称"双元制"。另一种是北美较为流行的能力本位的教学模式，是将一般知识、技能、素质与具体职位相结合，以整合能力管理为理论基础，以模块为课程结构的基本特征。它以"学"为中心，学习以自主学习的方式来进行。其对原有的学习能力进行自我认可，确定能力的学习目标，继而进行自学活动，随即在现场进行尝试性能力操作。

（二）大学英语教学模式发展的新趋势

1. 从单一教学模式向多样化教学模式发展

自从近代教育科学的创始人德国教育学家赫尔巴特提出"四段论"教学模式以来，经过其学生的实践和发展，逐渐形成了以教师为中心的传统教学模式，这一模式成为 20 世纪教学模式的主导。之后，杜威打着反传统的旗号，提出了实用主义教学模式。20 世纪 50 年代，有关教学模式的研究一直在"传统"与"反传统"之间来回摆动。20 世纪 50年代以后，由于新的教学思想层出不穷，再加上新的科学技术革命使教学产生了很大的变化，于是，教学模式出现了"百花齐放，百家争鸣"的繁荣局面。

2. 由归纳型向演绎型教学模式发展

归纳型教学模式重视从经验中进行总结和归纳，它的起点是经验，形成思维的过程是归纳。演绎型教学模式指的是从一种科学理论假设出发，推演出一种教学模式，然后用严密的实验来验证其效用。它的起点是理论假设，形成思维的过程是演绎。归纳型教学模式来自教学实践，不免有些不确定性，有些地方还不能自圆其说；而演绎型教学模式有一定的理论基础，形成了较为完备的体系，它更加强调教学模式的科学理论基础。这为我们自觉地以科学理论为指导，主动设计和建构特定的教学模式，以达到预期的教学目的提供了可能。目前，演绎法成为教学模式生成的重要途径。

3. 由以"教"为主向重"学"为主的教学模式发展

传统教学模式都是从教师如何去教这个角度来进行阐述的，忽视了学生如何学这个问题。杜威的"反传统"教学模式，使人们认识到学生应当是学习的主体，由此开始了对以"学"为主的教学模式的研究。随着建构主义等以学生为中心的教学理论的发展，师生在教学过程中的地位和作用发生了巨大的变化。现代教学模式的发展趋势是重视教学活动中学生的主体性，重视学生对教学的参与，教师要根据教学的需要，合理设计"教"与"学"的活动，鼓励和帮助学生实现自主性的、探索性的、创造性的学习。

第三节　多元互动背景下的大学英语教学模式

一、构建大学英语多元互动教学模式的具体措施

（一）整合网络，优化路径

大学英语教师想要有效发挥多元互动教学模式的作用，就需要对网络技术进行整合，创新自身的教学理念，并构建科学的教育观，有效转化师生之间的关系。这就要求教师对多元沟通有着明确的认识，因为无论是教师还是学生都需要明确自身在教育活动中的地位，只有这样才能够使两者在教学过程中发挥自身的作用。传统教学中，教师

属于传授知识者，学生则是接受知识者，这种教学模式忽视了学生的主体性，必然不利于学生的学习。所以，在多元互动教学模式中，需要教师开展以学生为主体的教学活动，教师不能再简单地对学生灌输各种知识，而是引导学生进行自主研习，促使学生能够发现其中潜在的知识，从而在学习中获得乐趣，提高学生的自信心，这样就能够有效提高教学的效率和质量。实践证明，多元互动教学模式不仅能够强化学生的英语应用能力，还可以有效激发他们的探索精神，从而强化其创新能力。

在多元互动教学模式中，教师需要"想方设法"地调动学生的主观能动性，在这个过程中将互联网融入其中，就可以方便教师丰富教学内容，并创新有效的教学方法，最大限度地利用网络教学资源。同时，可以使书本上的文字，转化为音乐、视频及图片等多种形式，对学生进行展示，使知识更加生动，尤其是在理论教学时，可以提高教学的趣味性。并且，教师需要帮助学生清晰认识到自身的主体性、充分掌握自己的学习能力，摆脱对教师的依赖性。还要使其养成良好的网络学习意识，帮助学生掌握通过网络进行学习的方法，从而使学生能够独立完成英语的学习。

（二）课堂为主，网络为辅

课堂教学仍然是现在的主要教学模式，在多元互动教学模式中，需要教师能够认识到互联网的辅助作用，需要使其辅助课堂教学，而不是让互联网取代课堂教学，这样才可以有效发挥两者的作用。所以，教师在运用多元互动教学模式的过程中，想要有效提高课堂教学效率，就需要最大限度地发挥课堂教学的作用，使课堂成为学生集中、高效学习的场所，从而有效发挥多元互动教学模式的作用。并且为了有效提高学生在教学中的主体地位，可以督促学生提前对即将学习的内容进行预习，鼓励和引导学生利用网络，收集有关学习材料，在课堂上进行分享。通过这样的方式，不仅可以有效调动学生的学习积极性，还能够充分发挥学生的主体地位。并且，教师需要对互联网进行合理的利用，加强与学生之间的互动。例如，组织学生在网络上进行互动对话、小组讨论及角色扮演等，将网络转变为学生之间进行有效互动的平台。尤其是可以加强对学生的口语训练，使学生不再学习"哑巴英语"，充分锻炼学生的英语实践水平，强化学生的自主学习能力。

利用互联网开展课堂教学，对传统的英语课堂教学模式造成极大的冲击，使过去"死气沉沉"的课堂，变得充满活力，激发了学生的学习兴趣。同时，利用互联网与学生进行互动，可以方便师生之间的有效交流。互联网也为学生开展自主学习提供了极大的便利，促使英语教学多样化发展。学生不仅能够通过网络听课，还能够利用网络研习英语知识，有效整合自身的英语知识架构和体系。在学生自主学习的过程中，一旦遇到难以理解的问题，也能够通过网络咨询教师，这样就可以打破时间和地点对学习的限制，学生能够随时随地的学习，教师也可以随时随的教学。

（三）结合网络，科学评价

对学生进行准确的评价，也是教师的教学任务之一。通过对学生评价，将能够帮助其发现自身存在的不足。传统的评价主要是依靠考试进行，考试只能够评价学生的应试能力，无法对学生进行全面的考察，评价的价值较低。同时，还会影响学生的学习方向，并加大其学习压力，影响其学习效率。所以，在多元化教学模式中，对学生的评价也要实现多元化，通过构建多样化的英语评价体系，才可以有效评估学生的综合能力。同时，通过科学地对学生进行评价，将能够为其未来发展指明方向，有效提高学生的综合素质。

这就需要教师构建全面的评价体系，对学生的综合素质进行评价。首先，需要通过网络考查学生的英语灵活运用能力、英语探索精神、解决问题能力及相关的专业素质。其次，需要使学生能够利用网络进行自我评价，使学生对自身的进步及不足有着明确的认识，促使其更好地完善自身。最后，引导学生之间进行互相评价，因为学生之间的接触与互动，往往要比师生之间的联系更为紧密，学生之间往往会更为了解。同时，教师需要结合学生的日常表现，对其进行准确的评价，适当降低英语专业知识在评价中的占比，提高评价的准确性。需要注意的是，评价结果需要"一对一"发布，而不是公开性发布，并且教师在评价时，需要综合性的考虑，进一步提高评价的准确性。

二、多元互动教学模式的积极作用

实验表明，针对高校英语课堂教学中的不足，采取相应措施，激发学生学习英语的兴趣，使其主动参与课堂教学，对提高学生的学习自主性、积极性尤为重要。而多元互动教学模式在实施过程中突出和保障了学生的主体地位，强调要留给学生足够的时间和空间，调动了学生动脑、动手、动口的积极性。

多元互动教学模式强调在教学过程中给学生充分的讨论、交流时间，创造条件让学生发现问题、分析问题、解决问题、总结规律。"教"与"学"的过程要通过师生之间、学生之间充分互动等多元互动的形式实现，学生是教学活动的中心，多元互动教学模式有利于发挥学生的主体作用。多元互动教学模式充分采用形成性评价，及时反馈，使学生能够自我监督、自我认识、自我调整，积极探索适合自己的学习策略，促使学生以更大的热情投入到学习的过程中，提高学生的自主学习能力和语言的实际应用能力。

当今时代是一个信息技术飞速发展、知识不断更新的时代，因此课堂学习无法满足学生对知识的需求，更难以应对以后的激烈竞争，自主学习和终身学习关乎学生可持续发展和不断自我完善的能力。多元互动教学模式通过课上与课下、线上与线下的多层次、多元化、多维度的互动，使学生可以掌握多种学习策略，尤其是元认知策略和社交策略，进一步提高自己的自主学习能力。

三、多元互动教学模式带来的挑战

多元互动教学模式如果使用不当就会造成事倍功半的结果，因此需要教师和学生一起努力加以应对。多元互动教学模式主要带来了以下四方面的挑战。

第一，对教师提出了更高的要求。教师需要对不断更新的网络资源进行甄别，并及时优化教学设计，还要针对不同学生的特点和接受水平设计互动话题和互动活动。同时，教师即使在业余时间也需要通过面授或网络答疑等形式，不断地对学生的学习计划和学习过程进行监控和引导，否则容易使学生处于一种放任自流的状态。

第二，对学生的自主学习能力提出了更高的要求。有些学生基础较差，他们在自主学习过程中可能出现的问题较多，因此，学生课下的互动式学习也需要其自我监督，掌握各种学习策略与学习方法，并且懂得与同学相互协作[①]。

第三，对学校的软硬件设施提出了更高的要求。师生间的互动及学生的网络自主学习都要求学校有更完善的软硬件设施，如网络自主学习平台、自主学习教室等。

---

① 郭遂红. 基于网络环境的大学英语多元互动教学模式的研究［J］. 河南广播电视大学学报，2010，23（4）102-103.

　　第四，进一步完善多元化的评价体系。多元互动教学模式下，只注重学习的结果而忽略学习过程的终结性评价方式已经不再适用。因此，需要进一步完善评价方式。评价主体和评价方式应当多元化，体现出学生学习和互动的过程，教师也应对学生的自主学习进行相应的评价。

参考文献

[1] 何广铿. 英语教学法基础 [M]. 广州：暨南大学出版社，2008.

[2] 贾冠杰. 英语教学基础理论 [M]. 上海：上海外语教育出版社，2010.

[3] 丁仁仑. 交际型大学英语创新教学模式研究 [M]. 北京：国防大学出版社，2010.

[4] 许智坚. 多媒体外语教学理论与方法 [M]. 厦门：厦门大学出版社，2010.

[5] 剧锦霞，倪娜，于晓红. 大学英语教学法新论 [M]. 北京：中国书籍出版社，2013.

[6] 张红玲，朱晔，孙桂芳，等. 网络外语教学理论与设计 [M]. 上海：上海外语教育出版社，2010.

[7] 陈坚林. 计算机网络与外语课程的整合 [M]. 上海：上海外语教育出版社，2010.

[8] 严明. 大学英语自主学习能力培养模式研究 [M]. 哈尔滨：黑龙江大学出版社，2009.

[9] 徐锦芬. 大学外语自主学习理论与实践 [M]. 北京：中国社会科学出版社，2007.

[10] 鲁子问，康淑敏. 英语教学方法与策略 [M]. 上海：华东师范大学出版社，2008.

210

[11] 龚漪璞,邢祺.大数据视角下应用型高校大学英语教学策略创新与验收[J].湖北开放职业学院学报,2021,34(9):5-6.

[12] 麻珊珊.新媒体时代大学英语教学策略探讨[J].中国新通信,2021,23(8):201-202.

[13] 张文英.语篇分析视角下大学英语阅读教学策略创新研究[J].宿州教育学院学报,2019,22(5):95-97.

[14] 刘薇薇.基于跨文化交际能力培养的大学英语教学策略[J].西部素质教育,2018,4(3):70.

[15] 胡丽霞.大学英语词汇教学策略应用与创新研究[J].吉林广播电视大学学报,2017(12):57-58+108.

[16] 李黎.英语学习需求视角下的大学英语教学策略研究[J].林区教学,2016(1):50-51.

[17] 冷雪飞.基于创新能力培养的大学英语教学策略探析[J].佳木斯职业学院学报,2015(12):228.

[18] 孙玲.基于创新能力培养的大学英语教学策略研究[J].英语广场,2015(6):64-65.

[19] 宋利华.大学英语教学策略对培养学生创新能力的有效性研究[J].品牌(下半月),2014(11):227+229.

[20] 伍轶,方小菊,宋军.教育语言学视野下的学术英语教学策略研究[J].东华大学学报(社会科学版),2014,14(3):136-139.

[21] 李硕.中国大学英语教育政策的发展研究[D].武汉:武汉大学,2019.

[22] 贾振霞.大学英语混合式教学中的有效教学行为研究[D].上海:上海外国语大学,2019.

[23] 张建佳.大学英语教学融合性价值取向及其实现研究[D].重庆:西南大学,2018.

［24］马琴. 大学英语个性化教学研究［D］. 重庆：西南大学，2017.

［25］陶涛. 大学英语教学有效性问题研究［D］. 武汉：华中师范大学，2015.

［26］曾小珊. 大学英语课程实施中的教师隐性课程研究［D］. 上海：上海外国语大学，2013.

［27］肖达娜. 语法翻译法在大学英语教学中的传承与创新［D］. 成都：四川师范大学，2013.

［28］赵悦. 我国大学英语教材的优化策略探索［D］. 长春：东北师范大学，2013.

［29］张沉香. 大学外语教育政策的反思与构建［D］. 长沙：湖南师范大学，2011.

［30］杜鹃. 大学英语教学质量保障体系研究［D］. 武汉：武汉理工大学，2008.